essentials

essentials liefern aktuelles Wissen in konzentrierter Form. Die Essenz dessen, worauf es als „State-of-the-Art" in der gegenwärtigen Fachdiskussion oder in der Praxis ankommt. *essentials* informieren schnell, unkompliziert und verständlich

- als Einführung in ein aktuelles Thema aus Ihrem Fachgebiet
- als Einstieg in ein für Sie noch unbekanntes Themenfeld
- als Einblick, um zum Thema mitreden zu können

Die Bücher in elektronischer und gedruckter Form bringen das Expertenwissen von Springer-Fachautoren kompakt zur Darstellung. Sie sind besonders für die Nutzung als eBook auf Tablet-PCs, eBook-Readern und Smartphones geeignet. *essentials:* Wissensbausteine aus den Wirtschafts-, Sozial- und Geisteswissenschaften, aus Technik und Naturwissenschaften sowie aus Medizin, Psychologie und Gesundheitsberufen. Von renommierten Autoren aller Springer-Verlagsmarken.

Weitere Bände in der Reihe http://www.springer.com/series/13088

Rainer Zech

Qualitätsmanagement und gute Arbeit

Grundlagen einer gelingenden Qualitätsentwicklung für Einsteiger und Skeptiker

2. Auflage

Rainer Zech
ArtSet® Forschung Bildung
Beratung GmbH
Hannover, Deutschland

ISSN 2197-6708 ISSN 2197-6716 (electronic)
essentials
ISBN 978-3-658-23600-7 ISBN 978-3-658-23601-4 (eBook)
https://doi.org/10.1007/978-3-658-23601-4

Die Deutsche Nationalbibliothek verzeichnet diese Publikation in der Deutschen Nationalbibliografie; detaillierte bibliografische Daten sind im Internet über http://dnb.d-nb.de abrufbar.

Springer ist ein Imprint der eingetragenen Gesellschaft Springer Fachmedien Wiesbaden GmbH und ist ein Teil von Springer Nature
Die Anschrift der Gesellschaft ist: Abraham-Lincoln-Str. 46, 65189 Wiesbaden, Germany

Was Sie in diesem *essential* finden können

Rainer Zech

- eine skeptische Einschätzung des üblichen Qualitätsmanagements
- eine Beschreibung der klassischen Systeme DIN EN ISO und EFQM
- eine ethisch fundierte Qualitätsdefinition, die sich im gelingenden Leben in einer gerechten Gesellschaft begründet
- eine darauf aufbauende Bestimmung dessen, was gute Arbeit ausmacht
- eine Darstellung der Voraussetzungen für eine gelingende Qualitätsentwicklung
- die Skizze einer nicht normativen Qualitätsentwicklung für personenbezogene soziale Dienstleistungsorganisationen in Bildung, Beratung und sozialer Arbeit

Vorwort

Dieses kleine *essential* hat sich viel auf wenig Raum vorgenommen. Es geht um eine Bewegung von der Entschlüsselung traditionellen Qualitätsmanagements als verdeckt herrschaftliches Disziplinarsystem zur Frage, was unter Qualität eigentlich substanziell zu verstehen ist. Die Qualitätsdefinition wird ethisch in einem guten Leben einer gerechten Gesellschaft begründet. Gefragt wird, was denn gute Arbeit in einer gerechten Gesellschaft ausmachen würde. Dazu ist es erforderlich, sowohl das Gute als auch das Gerechte kurz zu skizzieren. Daraus werden die Voraussetzungen einer entsprechend gelingenden Qualitätsentwicklung abgeleitet, um schließlich beispielhaft für den Bereich der personenbezogenen sozialen Dienstleistungen ein Qualitätsentwicklungssystem vorzustellen, das den Fallen der Disziplinierung entgeht und die Entscheidung über die Definition von guter Arbeit – als Prozess und Ergebnis – in die Hände der Arbeitenden gibt.

Ich verbinde diesen Grundlagentext für Einsteiger und Skeptiker mit der Hoffnung, einen – wenn auch sehr kleinen – Beitrag für ein gutes Gelingen der Qualität unseres Lebens und Arbeitens leisten zu können – gemäß dem Sokrates zugeschriebenen Motto, dass das gute Gelingen zwar nichts Geringes sei, aber trotzdem mit dem Kleinen anfange.

Für die Darstellung der QM-Systeme DIN EN ISO und EFQM habe ich auf eine gemeinsame Publikation mit einer Kollegin zurückgegriffen (Zech, Tödt 2012). Für den gesamten Rest des Textes übernehme ich allein die Verantwortung, auch wenn ich auf Anregungen anderer dankbar zurückgreifen konnte. Zu bedanken habe ich mich deshalb bei dem Lektor des Springer-Verlages Joachim Coch, der mir die Möglichkeit eröffnete, meine Gedanken in diesem *essential* vorzustellen, sowie bei Claudia Dehn und Hans-Jürgen Arlt, die diesen Text kritisch kommentiert haben.

Rainer Zech

Inhaltsverzeichnis

Qualitätsmanagement als Disziplinarsystem 1

Qualitätsmanagement ist heute unverzichtbar – so heißt es üblicherweise. Niemand wagt, dem offen zu widersprechen. Trotzdem beteiligen sich viele nur mit »zusammengebissenen Zähnen«. Wirtschaftsunternehmen, Krankenhäuser, Bildungs- und Kulturorganisationen, Behörden, Verbände, Jugendhilfe- und Pflegeeinrichtungen, Beratungsfirmen etc. – fast alle unterziehen sich dem Zwang externer Zertifizierungen, ohne den ein »ernstzunehmendes« Qualitätsmanagement heute nicht mehr auszukommen glaubt. Ob dadurch allerdings Qualität gefördert wird, ist eine offene Frage. Die These dieses skeptischen Kapitels ist, dass die in Industrie und Dienstleistung gebräuchliche Form des Qualitätsmanagements nicht Qualität managt, sondern die möglichst reibungslose Anpassung der Arbeit an ökonomische Erfolgskriterien; für Wirtschaftsorganisationen kann man auch sagen: an den Kapitalverwertungsprozess.

1.1 Qualitätsmanagement ohne Qualitätsbegriff

Das Problem des Qualitätsmanagements beginnt damit, dass viel über Management diskutiert wird und wenig über Qualität. Schon das Wort Management ist konnotiert mit Vorstellungen wie Kompetenz, Effizienz und Qualität, sodass es müßig erscheint, noch zu klären, um *welche* Qualität es denn dabei gehen soll. Dafür spricht auch, dass der Begriff Qualität bereits einen positiven Klang hat; er steht synonym für gute Qualität. Wer etwas anderes meint, muss schlechte sagen, denn Qualität an sich ist gut. Sie – wie gebräuchlich – mit der Befriedigung von Kundenbedürfnissen gleichzusetzen, führt nicht aus dem Zirkel der Selbstbestätigung heraus, weil die Unterstellung mitläuft, die Kunden wüssten ohne weiteres, welche Qualität gute Qualität ist. Hier tiefer zu fragen bzw. Qualität vorgängig erst zu bestimmen, bevor man sich dranschickt, sie zu managen, gerät so aus dem Blick.

R. Zech, *Qualitätsmanagement und gute Arbeit*, essentials,
https://doi.org/10.1007/978-3-658-23601-4_1

Sogar die Totalität des »Total Quality Management« führt zu keinem Erschrecken, wird nicht als mögliche Bedrohung gesehen, sondern täuscht darüber hinweg, dass erst zu klären wäre, welche Qualität einer guten Gesellschaft förderlich wäre.

Dass Qualität nicht mit dem individuellen Nutzen eines rational kalkulierenden »homo oeconomicus« gleichzusetzen ist, sondern vor allem eine gesellschaftliche Dimension hat, wird hier von mir zunächst unterstellt, bevor dies in Kap. 3 genauer ausgeführt wird. Ohne eine gefüllte Vorstellung eines guten Lebens in einer gerechten Gesellschaft macht das Managen von Qualität keinen Sinn. Ohne inhaltlich bestimmtes Ziel führt der Anspruch der permanenten Optimierung (»continous improvement process«) in eine Steigerungsspirale der Erschöpfung. Die Drohung im Hintergrund solcher Qualitätsbemühungen ist das Zurückfallen im sich immer weiter verschärfenden globalen Wettbewerb. Dass es bei allen diesen Anstrengungen nicht wirklich um die Qualität, sondern um das »survival oft the fittest« im gnadenlosen ökonomischen Wettbewerb geht, zeigt sich z. B. daran, dass Produkte heute teilweise so produziert werden, dass sie den Garantiezeitraum nur knapp überstehen. Auf jeden Fall können die marginalen Qualitätsverbesserungen die Ressourcenvergeudung nicht rechtfertigen, die z. B. dadurch entsteht, dass sich Nutzer alle ein bis zwei Jahre ein neues Mobiltelefon kaufen (müssen).

1.2 Historische Hintergründe der Qualitätsnormierung

Das heute in der Produktion und Dienstleistung regierende organisationale Qualitätsmanagementsystem der DIN/ISO-Normierung wurde durch eine Entwicklung in der japanischen Autoindustrie der 1980er Jahre angestoßen. Japan hatte sich durch ein systematisches Ausmerzen noch der kleinsten Abweichungen und Fehler (Kaizen) einen Wettbewerbsvorteil auf dem Weltmarkt erwirtschaftet, der die anderen Industrieländer, allen voran die USA, zu verstärkten Anstrengungen in ähnliche Richtungen motivierte. Als Labor des heutigen »Total Quality Management« sieht Bröckling (2000, S. 146 f.) unter Bezug auf Dilg die Qualitätssicherungsnormen der amerikanischen und britischen Streitkräfte für die Lieferanten von Rüstungsgütern. Der Ursprung des Deutschen Instituts für Normung, das Deutschland in der International Organization for Standardization vertritt, liegt in der Kriegswirtschaft des Deutschen Reiches, als es darum ging, Normen für die Rüstungsproduktion festzulegen.[1] In der Folge dieser

[1]Siehe: http://de.wikipedia.org/wiki/Deutsches_Institut_f%C3%BCr_Normung#Geschichte.

Entwicklungen entstand das heute als DIN EN ISO 9000 ff. bekannte Verfahren der Normierung aller betrieblichen Abläufe. Um Mängel und Abweichungen aufzudecken und zukünftig zu vermeiden, wurde ein System der möglichst lückenlosen Kontrolle entwickelt, das einer regelmäßigen prüfenden Zertifizierung durch externe Instanzen unterzogen wird. Die Zertifizierung bezieht sich allerdings nur noch indirekt auf die tatsächlichen Handlungen einer Organisation und die zu erstellenden Produkte und Dienstleistungen. Extern geprüft werden vielmehr wiederum interne Prüfverfahren, die die Einhaltung von vorgeschriebenen Standards garantieren sollen.

1.3 Von der Qualität der Produkte zur Dokumentation der Managementprozesse

An der ISO-Zertifizierung kritisiert Ortmann (2010, S. 220) eine dreifache Verschiebung und Ersetzung: Weg von qualitativen Standards für die *Substanz von Leistungen* hin zu der Standardisierung der Leistungs*prozesse* (Ersetzung erster Ebene). Sodann weg von den tatsächlichen organisationalen Abläufen hin zur Standardisierung des *Managements* dieser Prozesse (Ersetzung zweiter Ebene). Schließlich sogar weg vom tatsächlichen Management hin zu dessen *Dokumentation* mit Hilfe einer großen Zahl auszufüllender Formblätter, mit denen detailliert festgelegt wird, wer was zu tun, auszufüllen, zu dokumentieren, zu kontrollieren und zu ändern hat (Ersetzung dritter Ebene). Ortmann kritisiert also, dass nicht mehr die Qualität der Leistung, sondern die Qualität der Dokumentation des Managements der Leistungsprozesse im Fokus der ISO steht. Ob auf diese Weise wirklich Qualität entsteht und was diese ausmacht, bleibt bei diesem Vorgehen offen.

Bei dem anderen verbreiteten Qualitätsmanagementsystem sieht die Herangehensweise zwar anders aus, führt aber nicht zu grundsätzlich anderen Effekten. Beim Qualitätsmodell der European Foundation for Quality Management (EFQM) wird nicht mit Zertifizierungen gearbeitet, sondern mit der Ausschreibung von Qualitätspreisen. Die Strategie erweckt den Eindruck eines sportlichen Wettkampfes und verführt zur Jagd nach immer neuen Rekorden. Dass das unaufhörliche Übertreffen der anderen schon im Sport nicht mehr ohne Doping auskommt, zeigt, dass es schon lange nicht mehr um ein faires Dabei-Sein, sondern nur noch um das konkurrierende Besser-Sein geht – egal zu welchem Preis. Die jeweiligen Europameister des EFQM Quality Award können ihren Sieg zudem nur kurze Zeit genießen, denn auch hier wird Qualität nicht substanziell aus dem gesellschaftlichen Nutzen der Produkte bestimmt, sondern nur für die

Strukturen und Prozesse der Organisation durch eine relationale Position im Ranking im Vergleich zu anderen, die schlechter abgeschnitten haben. Schon in der nächsten Runde des Wettkampfes geht man wieder wie alle anderen Konkurrenten zurück auf Los. Die Frage des gesellschaftlichen Nutzens eines solchen Vorgehens hat dabei – wie gesagt – keine große Bedeutung; bei der Preisvergabe im Rahmen der EFQM-Bewertung schlägt sie nur mit 6 % ins Gewicht.

1.4 Inhumane Fehlerintoleranz und Arbeit als Dauerassessment

Das Gesamtbild ändert sich nicht, wenn wir von der Ebene der Systeme auf die Ebene der dabei angewendeten Strategien wechseln. Im Rahmen dieser kurzen Einführung sollen hier nur zwei Beispiele erwähnt werden. Das erste betrifft organisationale Abläufe, das zweite individuelles Verhalten:

Fehler behindern den reibungslosen Ablauf betrieblicher Prozesse, vergeuden Zeit und damit letztlich Kapital. Die ebenso verbreitete wie sinnlose *Null-Fehler-Strategie* führt nun allerdings nicht nur dazu, dass aus Fehlern nicht gelernt werden kann, sondern verstärkt die Gefahr mittlerer und großer Katastrophen, wenn dann unvermeidliche Fehler doch einmal passieren. Statt organisationale Strukturprobleme zu diagnostizieren und zu beheben, wird in der Regel nach Sündenböcken gesucht, was die Strukturschwächen der Organisation unangetastet lässt und die nächsten Fehler vorprogrammiert.

Keine Fehler machen zu dürfen, ist also nicht nur inhuman, sondern auch eine Kreativitätsbremse, weil alle darauf achten, nicht von Routinen abzuweichen. Innovationen brauchen hingegen eine Kultur, die nicht die Einhaltung von Standards belohnt, sondern das begründete Abweichen. Daher setzen z. B. die sogenannten High Reliability Organizations – also Hochsicherheitsorganisationen, bei denen kleinste Fehler zu großen Katastrophen führen können – nicht auf kompromisslose Fehlervermeidung, sondern auf Achtsamkeit (Weick und Sutcliffe 2003). In Organisationen, die sich der Null-Fehler-Strategie verschrieben haben, versuchen Mitarbeitende klugerweise, zwangsläufig gelegentlich auftretende Fehler zu vertuschen oder zu verschweigen. Eine Alternative wäre eine offene, nicht moralisierende und lernbereite Kommunikation über sogenannte »critical incidents«, d. h. über Fehlersituationen, die gerade noch einmal gut gegangen sind, um aus ihnen zu lernen und so »critical accidents« erst gar nicht entstehen lassen. Fehlertoleranz vermeidet Katastrophen auf jeden Fall besser als der Zwang zur Fehlerlosigkeit.

Da also offensichtlich das Verhalten der Beschäftigten einen bedeutsamen Faktor im betrieblichen Ablauf darstellt, greifen viele Unternehmen zur Verhaltenssteuerung zu einer Form der panoptischen Totalüberwachung durch ein *360°-Feedback*, bei dem sich die Beschäftigten sowohl entlang der Hierarchie wie auch auf gleicher Ebene wechselseitig Rückmeldung anhand normierter Kompetenz- und Verhaltensstandards geben müssen. Dabei wird jeder Beschäftigte zugleich zum Beobachter und zum Beobachteten. Diese umfassende und wechselseitige Beobachtung führt im Effekt zu einer selbstgesteuerten Disziplinierung, da man aus der Sozialpsychologie weiß, dass beobachtete Personen ihr Verhalten ändern und an die unterstellten Erwartungen der Beobachter anpassen. Faktisch geht es also um eine Invisibilisierung von organisationsinternen Machtverhältnissen, da es nicht mehr die Vorgesetzten sind, die ein bestimmtes Verhalten verlangen und ggf. per Sanktion durchsetzen, sondern anonyme Kompetenzstandards, an die sich die Beschäftigten »freiwillig« anpassen. Die kontinuierliche Verbesserung betrifft hier nicht mehr nur die betrieblichen Abläufe, sondern wird als Verfahren der Selbstmodellierung von den Beschäftigten internalisiert. Arbeiten wird zum Dauer-Assessment, und externe Verhaltenskontrolle wird als Lernunterstützung umgedeutet. Dass Feedback hier nicht freiwillig von interessierten Einzelnen erbeten, sondern strukturell aufgezwungen wird, spielt in diesem Arrangement keine Rolle. Man sollte solche aufgezwungenen Anpassungsstrategien daher nicht mit einem persönlichen Wachstum verwechseln, wie es der Persönlichkeitspsychologie vorschwebt und in Management-Handbüchern fälschlicherweise propagiert wird. Es geht um Normierung, nicht um Persönlichkeitsentwicklung.

1.5 »Totale Mobilmachung«

Diese beschriebenen Formen des sogenannten Qualitätsmanagements lassen sich als Disziplinartechnologie gouvernementaler[2] Kontrolle entschlüsseln, die durch Normierung von organisationalen Prozessen und personalen Handlungen den wirtschaftlichen Kapitalverwertungsprozess unterstützen sollen. Das Management der totalen Qualität bedeutet den Versuch, die Beschäftigten mit Leib und Seele, mit allen ihren Fähigkeiten und Erfahrungen dem Produktionsprozess

[2]Der Begriff der Gouvernementalität geht auf Foucault (2000) zurück und bezeichnet eine herrschaftliche Führungstechnologie, deren Ziel es ist, das Verhalten, die Gesten und die Gedanken der Menschen zu kontrollieren und in eine vorgeblich nützliche Richtung zu lenken.

einzuverleiben und ist „als Parodie der Selbstverwirklichung in Wirklichkeit der Höhepunkt der Unterwerfung" (Virno 2010, S. 42).

Ein solches Qualitätsmanagementsystem hat noch zwei weitere, grundsätzliche Probleme. Erstens beruht es in der zugrunde liegenden Organisationsvorstellung auf einem überholten Modell linear steuerbarer »Trivialmaschinen« (von Förster 1993, 245 ff.) der fordistischen Ära der 1940er Jahre. Zweitens geht es darum, in einer Art der »totalen Mobilmachung« (Bröckling 2000) die Beschäftigten in ein Kontrollregime einzupassen, das nicht mehr auf einer sicht- und damit kritisierbaren Machtausübung durch das Management, sondern auf einer selbstgesteuerten, »freiwilligen« Unterwerfung der Beschäftigten unter vorgeblich objektive Normen beruht.

Luhmann (1974, S. 208) hat festgestellt, dass unsere Wirtschaft nicht der immanenten Logik des Bedarfs, sondern der Bedarf der immanenten Logik der Wirtschaft folgt. Wenn man also Arbeit nicht unter Qualitätsgesichtspunkten einer vernünftigen Bedarfsbefriedigung betrachtet, sondern rein ökonomisch denkt, ist ein solches Qualitätsmanagement folgerichtig. Mit Qualität von Arbeitsbedingungen für die Beschäftigten und einem guten Leistungsergebnis im Interesse einer nachhaltigen Bedarfsdeckung einer guten Gesellschaft hat dies nichts mehr zu tun. Ich greife diesen Gedanken in Kap. 4 wieder auf.

Die Klassiker: DIN EN ISO und EFQM 2

Nachdem die Skeptiker eines Qualitätsmanagements zu ihrem Recht gekommen sind, sollen für die Einsteiger die beiden verbreiteten Systeme möglichst neutral dargestellt werden.

2.1 Die Normenreihe DIN EN ISO 9000 ff.

Bei der DIN EN ISO 9000 ff. handelt es sich um eine Normenreihe. Der Begriff *Norm* meint eine fixe, unveränderlich definierte technische Größe und diese technikfixierte Perspektive wird auf das Management von Organisationen übertragen. In einem zusammenhängenden Setting werden jetzt Normen für das Qualitätsmanagement von Organisationen definiert.

ISO steht dabei für International Organization of Standardization. Die ISO ist ein weltweites Netzwerk nationaler Normungsinstitute. Das Kürzel EN zeigt an, dass es sich um eine Europäische Norm handelt. Dies bedeutet, dass die Norm im Europäischen Komitee für Normung (CEN) abgestimmt wurde.

2.1.1 Das Qualitätsmanagementsystem

Die Normenreihe DIN EN ISO 9000 ff. setzt sich aus folgenden Einzelnormen zusammen:

- DIN EN ISO 9001:2008 Qualitätsmanagementsysteme – Anforderungen
  Dies ist die Zertifizierungsnorm, in der die Anforderungen an ein Qualitätsmanagement definiert sind. Für eine Organisation, die eine Zertifizierung anstrebt, sind die Anforderungen dieser Norm bindend.

R. Zech, *Qualitätsmanagement und gute Arbeit*, essentials,
https://doi.org/10.1007/978-3-658-23601-4_2

- DIN EN ISO 9000:2005 Grundlagen und Begriffe
  Wie der Name schon sagt, werden hier grundlegende Erläuterungen zum Qualitätsmanagement geliefert und Fachbegriffe definiert.
- DIN EN ISO 9004:2009 Leiten und Lenken für den nachhaltigen Erfolg einer Organisation – ein Qualitätsmanagementansatz
  Diese Norm bietet Organisationen Leitlinien für nachhaltigen Erfolg in einem anspruchsvollen, veränderlichen und ungewissen wirtschaftlichen Umfeld und beschreibt den Weg über die Zertifizierung hinaus zum Total Quality Management.

Mit der Normenreihe der ISO 9000 ff., die 1987 erstmals von der ISO veröffentlicht wurde, vollzog sich ein Paradigmenwechsel, der ausgehend von der produktbezogenen Qualitätskontrolle zum Qualitätsmanagement des gesamten Produktionsprozesses geführt hat. Der Normbegriff bezog sich also ursprünglich auf die Vereinheitlichung und Qualitätssicherung von Produkten und wurde dann im Kontext des Qualitätsmanagements auf Verfahren bzw. Prozesse übertragen. Das Qualitätsmanagement zielt darauf, die Normenforderungen in für den jeweiligen Organisationskontext angemessener Weise umzusetzen und diesbezüglich vereinheitlichte bzw. normierte Prozesse einzuführen und zu dokumentieren. Dabei stellt sich die Frage, ob der Begriff der Normierung für organisationale bzw. Managementprozesse wirklich geeignet ist. Im Unterschied zu industriellen Produktionsprozessen und deren Produkten sind in diesen Prozessen und Ergebnissen immer auch Spielräume notwendig, um begründet auf Abweichungen, unerwartete oder veränderte Umweltbedingungen etc. zu reagieren.

Seit der grundlegenden Revision im Jahr 2000 steht beim Qualitätsmanagement im Rahmen der ISO die *Prozessorientierung* im Vordergrund. Die Prozessstruktur stellt das Kernstück des QM-Systems dar. Ein Prozess wird dabei verstanden als „eine Tätigkeit oder eine Gruppe von Tätigkeiten, die Ressourcen verwendet und die ausgeführt wird, um die Umwandlung von Eingaben in Ergebnisse zu ermöglichen.“ (ISO 9001:2008, S. 6). Die Organisation muss, damit sie wirksam funktioniert, „miteinander verknüpfte Tätigkeiten bestimmen, leiten und lenken.“ (ebd.) So bildet das Ergebnis des einen Prozesses die Voraussetzung für den folgenden. Es ist mit Prozessorientierung somit nicht einfach die Definition zahlreicher Einzelprozesse gemeint, sondern die Prozessorientierung wird zum durchgängigen Organisationsprinzip, indem die Prozesse aufeinander verwiesen sind. Ein wichtiger Aspekt des Qualitätsmanagements ist dabei die ständige Verbesserung von Prozessen, die auf der Grundlage objektiver Messungen stattfinden soll.

In der ISO 9001 wird Unternehmensführung und damit das Qualitätsmanagement anhand von vier Hauptprozessen beschrieben:

- Verantwortung der Leitung
- Management von Ressourcen
- Produktrealisierung
- Messung, Analyse und Verbesserung

Diese Prozesse sind miteinander verknüpft und stehen in Wechselwirkung. Die Leitung ist verantwortlich für die strategische und operative Ausrichtung des Unternehmens, d. h. für die Planung von Qualitätszielen und inhaltlichen Zielen. Aus den auf dieser Ebene formulierten Zielen leitet sich die Bereitstellung angemessener Ressourcen ab, d. h. Personal, Arbeitsmaterial, Räumlichkeiten etc. Bei der Produktrealisierung geht es um die Steuerung der operativen Prozesse, um die angestrebten Ergebnisse zu erreichen. Im Bereich Messung, Analyse und Verbesserung werden dann die erzielten Ergebnisse ausgewertet sowie die Verbesserungen für den nächsten Zyklus abgeleitet.

Die vier Prozesse bilden einen Regelkreis, der insgesamt zu kontinuierlicher Verbesserung der Qualitätsfähigkeit der Organisation führen soll. Es sollen über das QM-System somit stabile Rahmenbedingungen geschaffen werden, um Qualität von Produkten oder Dienstleistungen zu ermöglichen (Pfitzinger 2009, S. 14). Kundenorientierung und systematische Fehlerverhütung sind dabei zentrale Ziele.

Die Abb. 2.1 veranschaulicht den Regelkreis für ein prozessorientiertes Qualitätsmanagementsystem. Sie verdeutlicht weiter, dass die Anforderungen der Kunden Ausgangspunkt und Bewertungsgrundlage für die Gestaltung der Prozesse sind. Ein wichtiges Ziel der ISO 9001 ist somit, in der Organisation die Grundlage zu schaffen, um die Kundenzufriedenheit zu erhöhen. „ISO 9001 ist auf die Wirksamkeit des QM-Systems bei der Erfüllung der Kundenanforderungen gerichtet." (ISO 9001:2008, S. 11)

Um sicherzustellen, dass die Aktivitäten und Prozesse der Organisation kontrolliert ablaufen, verweist die ISO auf den sogenannten *PDCA-Zyklus* (auch bekannt als Deming-Zyklus). Diese Methode leitet dazu an, das Handeln an folgenden Schritten als *kontinuierlichen Qualitätskreislauf* zu orientieren:

- *Plan*: Ausgangspunkt ist die Planung der Ziele und Prozesse. Dabei sind Kundenanforderungen und Organisationsziele leitend.
- *Do*: Auf der Basis der Planungen erfolgt die Implementierung der Prozesse.

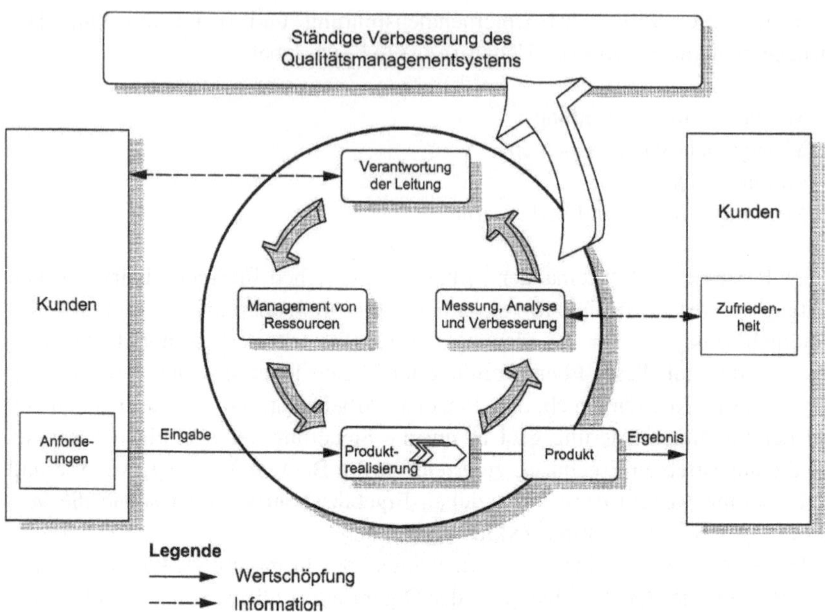

Abb. 2.1 Modell eines prozessorientierten Qualitätsmanagementsystems (ISO 9001:2008, S. 8)

- *Check*: Im nächsten Schritt folgt die Überprüfung, d. h. Überwachung und Messung, der Prozesse und Produkte. Auch die Überprüfung orientiert sich an den Kundenanforderungen und Organisationszielen.
- *Act*: Abgeleitet aus der Überprüfung werden Maßnahmen zur Verbesserung der Prozessleistungen umgesetzt.

Dieser Zyklus spiegelt sich grob im oben dargestellten Gesamtregelkreis wider und soll zudem auf die Gestaltung aller einzelnen Prozesse angewendet werden.

Um den Charakter und die Zielsetzungen der ISO-Normenreihe zu veranschaulichen, sind in der ISO 9000:2005 *acht Grundsätze des Qualitätsmanagements* beschrieben:

1. *Kundenorientierung*: Organisationen hängen von ihren Kunden ab und sollten daher die jetzigen und künftigen Erfordernisse der Kunden verstehen, deren Anforderungen erfüllen und danach streben, deren Erwartungen zu übertreffen.

2. *Führung*: Führungskräfte schaffen die Übereinstimmung von Zweck und Ausrichtung der Organisation. Sie sollten das interne Umfeld schaffen und erhalten, in dem sich Personen voll und ganz für die Erreichung der Ziele der Organisation einsetzen können.
3. *Einbeziehung der Personen*: Auf allen Ebenen machen Personen das Wesen einer Organisation aus, und ihre vollständige Einbeziehung ermöglicht es, ihre Fähigkeiten zum Nutzen der Organisation einzusetzen.
4. *Prozessorientierter Ansatz*: Ein erwünschtes Ergebnis lässt sich effizienter erreichen, wenn Tätigkeiten und dazugehörige Ressourcen als Prozess geleitet und gelenkt werden.
5. *Systemorientierter Managementansatz*: Erkennen, Verstehen, Leiten und Lenken von miteinander in Wechselbeziehung stehenden Prozessen als System tragen zur Wirksamkeit und Effizienz der Organisation beim Erreichen ihrer Ziele bei.
6. *Ständige Verbesserung*: Die ständige Verbesserung der Gesamtleistung der Organisation stellt ein permanentes Ziel der Organisation dar.
7. *Sachbezogener Ansatz zur Entscheidungsfindung*: Wirksame Entscheidungen beruhen auf der Analyse von Daten und Informationen.
8. *Lieferantenbeziehung zum gegenseitigen Nutzen*: Eine Organisation und ihre Lieferanten sind voneinander abhängig. Beziehungen zum gegenseitigen Nutzen erhöhen die Wertschöpfung beider Seiten.

Die Kap. 4 bis 8 der DIN EN ISO 9001 definieren die Anforderungen an das Qualitätsmanagement. Die Anforderungen legen fest, wie die Organisation ein Qualitätsmanagementsystem aufbauen, dokumentieren, aufrechterhalten und dessen Wirksamkeit ständig verbessern soll. Dazu werden entsprechende Dokumentationsanforderungen festgelegt. Als oberste Ebene der Dokumentation gilt ein Qualitätsmanagementhandbuch, das Prozesse und Verfahren sowie ihre Wechselwirkungen beschreibt.

Das Qualitätsmanagementsystem der ISO gibt insgesamt keine Festlegung in Bezug auf die inhaltliche Ausgestaltung von organisatorischen Abläufen, Unternehmensstrukturen oder Managementmethoden vor. Als branchenübergreifendes Qualitätsmanagementmodell definiert die ISO also allgemeine Normenforderungen für die Grundstruktur des Qualitätsmanagementsystems, aber keine Standards in Bezug auf die inhaltliche Gestaltung des Qualitätsmanagements. Insofern wird die ISO auch als *inhaltsneutral* bezeichnet. Einzuhalten sind allerdings Normenvorgaben für die Beschreibung und Dokumentation von Prozessen und deren Überprüfung bzw. Lenkung. Mit dem Begriff Lenkung ist gemeint, dass die Organisation systematische Regelungen hat, um sich wiederholende Prozesse zu beherrschen und fehlerfrei durchzuführen. So ist durch die ISO genau geregelt, wie die Prozesse zu dokumentieren und zu überprüfen sind. Insofern kann die ISO als *Prozess- oder Verfahrensnorm* bezeichnet werden.

2.1.2 Die Zertifizierung

Für die Zertifizierung ist die systematische Dokumentation der Unternehmensprozesse anhand der Normenanforderungen erforderlich. Dazu erstellt die Organisation ein Qualitätsmanagementhandbuch. Die Dokumentation ist Grundlage der Auditierung[1] und der Zertifizierung.

Die ISO fordert die regelmäßige Durchführung *interner Audits*. Die internen Audits haben das Ziel, die Wirksamkeit des QM-Systems zu überprüfen. Im Rahmen der internen Audits werden Interviews mit verschiedenen Gesprächspartnern im Unternehmen geführt, in denen die Prozesse überprüft und gegebenenfalls Abweichungen festgestellt werden. Die Auditoren werden bei internen Audits in der Regel auch intern rekrutiert. Sie sollten ausreichende Qualifikationen mitbringen und jeweils aus einem anderen Unternehmensbereich als dem auditierten Bereich kommen. Am Ende wird ein Auditbericht erstellt, der Abweichungen zur Bezugsnorm feststellt und auf dessen Basis Aktivitäten zur Beseitigung dieser Abweichungen geplant und umgesetzt werden. Eine Zertifizierung ist nur möglich, wenn die Ergebnisse mindestens eines internen Audits zur Verfügung stehen (Pfitzinger 2009, S. 107 ff.).

Der *Ablauf der Zertifizierung* ist durch die Norm DIN EN ISO/IEC 17021 geregelt.[2] Die Grundlage für die Zertifizierung bildet eine Zertifizierungsvereinbarung, die zwischen der Organisation und der Zertifizierungsstelle getroffen wird. Hier werden die Auditoren benannt und die Besonderheiten der Organisation festgehalten, z. B. bezüglich der Zertifizierung mehrerer Standorte. Die externen Auditoren prüfen in der Organisation vor Ort die Erfüllung der

[1]Der Begriff des Audits meint die überwachende Prüfung der Einhaltung der Normen. Er geht ursprünglich auf die Kontrollpraxis der katholischen Kirche zurück. Auditoren heißen die höchsten päpstlichen Vernehmungsrichter der katholischen Kirche, die von den Auditierten das Hören und Vernehmen von Botschaften einer höheren Macht verlangen, damit sie die Vorgaben der päpstlichen Kurie einhalten.

[2]Ein zusammenfassender Überblick über den Ablauf der Zertifizierung nach der DIN EN ISO/IEC 17021 findet sich im Kommentar zur ISO 29990 (Rau u. a. 2011, 103 ff.). Die folgenden Darstellungen basieren auf diesem Text.

Normenanforderungen auf der Grundlage von Dokumenten und Gesprächen. In diesen Zertifizierungsaudits gelten die Normenanforderungen als Auditkriterien.

Die Zertifizierung gliedert sich in:

- ein optionales Voraudit im Sinne einer Vorabprüfung mit der anschließenden Möglichkeit, Korrekturen vor dem eigentlichen Audit vorzunehmen;
- das Zertifizierungsaudit Stufe 1, welches dazu dient zu überprüfen, ob die internen Audits und Managementbewertungen geplant und durchgeführt werden, und zu beurteilen, welche standortspezifischen Bedingungen der Organisation zu berücksichtigen sind und welche Bereitschaft die Mitarbeiter für das Zertifizierungsaudit Stufe 2 mitbringen;
- das Zertifizierungsaudit Stufe 2, in welchem die Umsetzung und Wirksamkeit des Managementsystems der Organisation beurteilt wird. Wichtig ist, dass die Konformität der bereitgestellten Informationen und Nachweise mit der Norm bzw. die Erfüllung der Normenanforderungen überprüft wird.
- Zuletzt findet eine Abschlussbesprechung statt, in der die Auditergebnisse erläutert werden. Hier werden auch positive Aspekte und Verbesserungspotenziale dargelegt. Gegebenenfalls werden „Nichtkonformitäten“ erläutert. In diesem Fall kann eine Zertifizierung noch nicht erfolgen. Es wird dann ein Zeitpunkt festgelegt, bis zu dem die festgestellten Mängel behoben werden. Wenn alle Anforderungen vollständig erfüllt sind, wird der Auditor die Erteilung der Zertifizierung empfehlen.

Die Zertifizierung gilt für drei Jahre unter der Maßgabe, dass jährlich ein *Überwachungsaudit* stattfindet. Dieses muss nicht notwendigerweise ein vollständiges Systemaudit sein, sondern hat eher stichprobenartigen Charakter. Nach drei Jahren werden in der Re-Zertifizierung die Konformität und Wirksamkeit des Managementsystems als Ganzes in einem Audit überprüft.

2.1.3 Vor- und Nachteile

Die Vorteile der Normenreihe der ISO 9000 ff. liegen sicherlich in der kritischen Durchleuchtung aller internen Arbeitsprozesse und Organisationsstrukturen, sodass Effizienzgewinne erzielt werden können. Die Norm fordert, Verantwortlichkeiten und Zuständigkeiten zu klären. Dies schafft Transparenz und Klarheit nach innen und bietet die Grundlage für Zuverlässigkeit gegenüber dem Kunden. Verbindliche Vorgaben für die Zertifizierung schaffen Vergleichbarkeit zwischen den Unternehmen. Die kontinuierliche Überprüfung, z. B. im Rahmen der Audits, kann eine ständige Verbesserung des Qualitätsmanagements sichern.

Als einer der Nachteile wird oft der hohe Zeitaufwand genannt, den die Dokumentation erfordert. Die Dokumentationsvorgaben können die schnelle und flexible Veränderung von Prozessen erschweren. Zudem ist die Einführung der ISO sehr teuer, was insbesondere daran liegt, dass es sehr schwierig ist, sie ohne externe Beratung zu implementieren. Weiter ist zu bedenken, dass das Qualitätsmanagement nach ISO 9000 ff. nicht die inhaltliche Qualität in den Blick nimmt, da lediglich die Prozesse systematisiert und verbessert werden.

2.2 Das EFQM-Excellence-Modell 2010

Die European Foundation for Quality Management (EFQM) ist eine gemeinnützige Organisation mit Sitz in Brüssel. Mit über 500 Mitgliedern aus über 55 Ländern und unterschiedlichsten Branchen bildet die EFQM ein Netzwerk mit dem Ziel, hervorragende Vorgehensweisen im Management zu sondieren und dieses Wissen zur Verfügung zu stellen. Gemeinsames Ziel der Mitglieder ist „das Bemühen um nachhaltige Excellence.“ (EFQM 2009, Einleitung) Dafür will die EFQM-Organisation den Unternehmen ein Managementmodell zur Verfügung stellen, das ein Benchmark zwischen den Organisationen ermöglicht.

Das EFQM-Modell, das es inzwischen seit über 20 Jahren gibt, bildet einen „offenen Kriterienrahmen für die ganzheitliche Bewertung von Unternehmen und Organisationen, unabhängig von Größe, Branche oder Reifegrad.“ (EFQM 2009, Einleitung) Die Bewertung soll der Verbesserung der Unternehmenskultur und Managementpraxis dienen, Innovation antreiben und zu verbesserten Ergebnissen führen. Ende 2009 wurde eine überarbeitete Version des EFQM-Excellence-Modells veröffentlicht und unter dem Label „EFQM Modell 2010“ bekannt gemacht.

Die Idee von EFQM ist, exzellente Managementansätze und gelungene Praxis auszuzeichnen und für andere Organisationen zugänglich zu machen. Daher ist EFQM kein Zertifizierungsmodell, sondern ein Ansatz zur Selbstbewertung, auf dessen Basis besondere, exzellente Leistungen durch einen Preis ausgezeichnet werden, damit andere Organisationen und Unternehmen davon lernen können. „Die EFQM wurde gegründet, um nachhaltigen Unternehmenserfolg anzuerkennen, zu fördern und allen Interessenten Mittel und Wege zu nachhaltigem Erfolg aufzuzeigen.“ (EFQM 2009, S. 2/3) Diese exzellente Leistung bezieht sich allerdings wesentlich auf das Management der Organisation; auch in diesem Modell lassen sich daher substanzielle Qualitätsdefinitionen für die Ergebnisse der Produkte und Dienstleistungen vermissen.

Die nationale Partnerorganisation der EFQM in Deutschland ist die Deutsche Gesellschaft für Qualität e. V. (DGQ). Sie versteht sich im Sinne der EFQM-Logik als Netzwerk mit dem Ziel, Wissen und Erkenntnisse aus der Praxis auszuwerten und Modelle gelungener Praxis zu verbreiten. Die folgenden Ausführungen orientieren sich an der deutschsprachigen Version des EFQM Modell 2010, die die DQG in Zusammenarbeit mit ihrer österreichischen und schweizerischen Partnerorganisation veröffentlicht hat.

2.2.1 Das Qualitätsmanagementmodell

Das EFQM-Excellence-Modell verfolgt den Anspruch einer ganzheitlichen Bewertung und Steuerung der Organisation. „Alle Elemente, die das Funktionieren der Organisation ausmachen, werden hier in Beziehung zueinander gesetzt und darauf überprüft, ob sie reibungslos ineinander greifen." (EFQM 2009, S. 2) Übergreifendes Leitziel dabei ist nachhaltige Exzellenz.

Eine Beschreibung, was *Excellence* ist und wie sie erreicht werden kann, liefert das EFQM-Modell in Form von drei Komponenten, die ineinandergreifen und zusammen den Bezugsrahmen für die Bewertung und Verbesserung des Managements eines Unternehmens bilden. Die drei Komponenten sind: die Grundkonzepte der Excellence, das EFQM-Excellence-Modell sowie die RADAR-Logik zur Selbstbewertung.

In den *Grundkonzepten der Excellence* werden Prinzipien für nachhaltige Excellence formuliert. Die Grundkonzepte gelten als entscheidende Leitlinien für das Managementhandeln und zeigen die Merkmale auf, die eine exzellente Organisation auszeichnen. Insgesamt gibt es acht Grundkonzepte der Excellence (EFQM 2009, S. 4 ff.):

1. *Ausgewogene Ergebnisse erzielen*: Eine exzellente Organisation ist daran ausgerichtet, Ergebnisse im Sinne ihrer Mission zu erzielen und sich in Richtung ihrer Vision weiterzuentwickeln. Dabei berücksichtigt sie die Bedürfnisse ihrer Interessengruppen.
2. *Nutzen für Kunden schaffen*: Hier geht es darum, die eigenen Kundengruppen und deren Bedürfnisse zu kennen und darauf entsprechend zu reagieren.
3. *Mit Vision, Inspiration und Integrität führen*: Dieses Grundkonzept zielt auf die Führungskräfte und deren Kompetenz, die Zukunft zu gestalten und als Vorbilder zu agieren.

4. *Mit Prozessen managen*: Dieses Grundkonzept zielt darauf, dass die Organisation auf der Basis von strukturierten Prozessen gemanagt wird, die an der Strategie ausgerichtet sind und kontinuierlich analysiert und verbessert werden.
5. *Durch Mitarbeiterinnen und Mitarbeiter erfolgreich sein*: Hier geht es um Wertschätzung und Partizipationsmöglichkeiten für die Mitarbeiter. Ziel ist, Bedingungen zu schaffen, unter denen die Mitarbeiter bestmöglich ihr Potenzial im Sinne der Organisation einbringen können.
6. *Innovation und Kreativität fördern*: In diesem Grundkonzept werden Rahmenbedingungen thematisiert, unter denen die Bedingungen für Innovation und der Erfolg von Innovation gefördert werden können.
7. *Partnerschaften gestalten*: Exzellente Organisationen gestalten systematisch Partnerschaften, z. B. mit Kunden, gesellschaftlichen Gruppen oder wichtigen Lieferanten, um gemeinsame Ziele zu erreichen.
8. *Verantwortung für eine nachhaltige Zukunft übernehmen*: Hier geht es darum, dass ökonomische, soziale und ökologische Nachhaltigkeit als Wertorientierung und Kultur in der Organisation präsent ist.

Die Abb. 2.2 stellt die Grundkonzepte grafisch dar.

Die acht Grundkonzepte vermitteln ein Bild vom Funktionieren einer Organisation, das mit bestimmten Werten verbunden ist. Daher kann man sagen, mit den Grundkonzepten wird eine spezifische Unternehmensphilosophie zum Ausdruck gebracht. Dieses spezifische Verständnis spiegelt sich sowohl im Aufbau

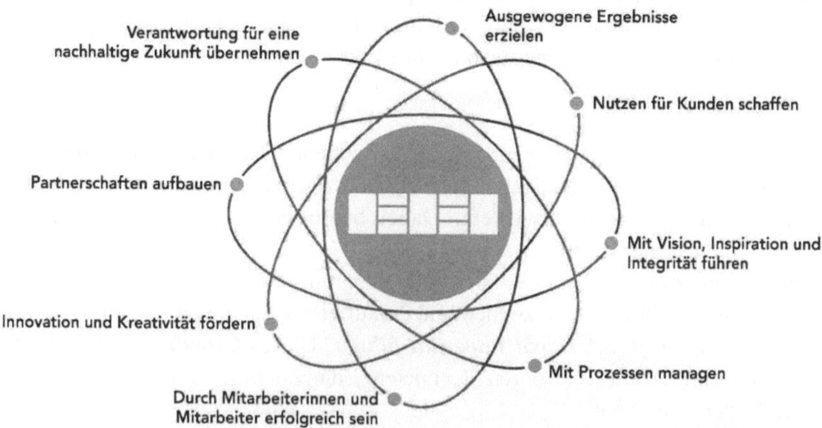

Abb. 2.2 Die acht Grundkonzepte der Excellence (EFQM 2009, S. 2)

des EFQM-Modells als auch in den einzelnen Schritten der Qualitätsentwicklung wider.

Die zweite Komponente ist das *EFQM-Excellence-Modell*. Es liefert die Struktur für das Vorgehen im Rahmen der Qualitätsentwicklung und dient dazu, Ursache-Wirkungs-Zusammenhänge zwischen dem Handeln der Organisation und den daraus resultierenden Ergebnissen zu reflektieren. Insgesamt setzt sich das Modell aus neun Kriterien (siehe auch Abb. 2.3) zusammen: fünf sogenannten *Befähigerkriterien*, die sich damit beschäftigen, was eine Organisation tut, und vier *Ergebniskriterien*, die auf die Ergebnisse der Organisation fokussieren.

Die Befähigerkriterien beziehen sich auf:

1. Führung
2. Politik und Strategie
3. Mitarbeiter
4. Partnerschaften und Ressourcen
5. Prozesse

Die Ergebniskriterien fokussieren auf:

6. kundenbezogene Ergebnisse
7. mitarbeiterbezogene Ergebnisse
8. gesellschaftsbezogene Ergebnisse
9. Schlüsselergebnisse

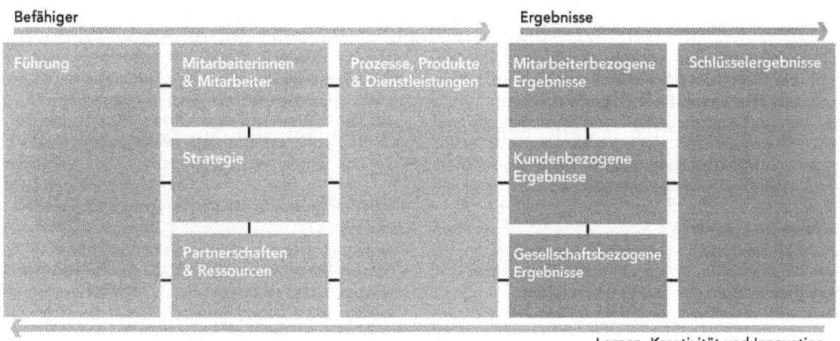

Abb. 2.3 Das EFQM-Excellence-Modell. (EFQM 2009, S. 9)

Mit den Befähigerkriterien werden die Leistungsvoraussetzungen und -möglichkeiten erfasst; die Ergebniskriterien fokussieren auf die Leistungserfolge. Beide Kriterienbereiche stehen in einem Wechselverhältnis: „Die ‚Ergebnisse' werden erzielt durch die ‚Befähiger'; die Befähiger können ihrerseits die Ergebnisse für Verbesserungen nutzen." (EFQM 2009, S. 9) Das Modell ist somit als *Qualitätskreislauf* konzipiert.

Die neun Kriterien werden jeweils durch eine Definition und mehrere Teilkriterien konkretisiert. Das *Befähigerkriterium „Führung"* besteht z. B. aus den folgenden fünf Teilkriterien (EFQM 2009, S. 10 f.):

a. „Führungskräfte entwickeln die Vision, Mission, Werte und ethischen Grundsätze und sind Vorbilder."
b. „Führungskräfte definieren, überprüfen und verbessern das Managementsystem und die Leistung der Organisation."
c. „Führungskräfte befassen sich persönlich mit externen Interessengruppen."
d. „Führungskräfte stärken zusammen mit den Mitarbeiterinnen und Mitarbeitern der Organisation eine Kultur der Excellence."
e. „Führungskräfte gewährleisten, dass die Organisation flexibel ist und Veränderungen effektiv gemanagt werden."

Für das *Befähigerkriterium „Prozesse, Produkte und Dienstleistungen"* sind z. B. folgende fünf Teilkriterien definiert (EFQM 2009, S. 17 f.):

a. „Prozesse werden entwickelt und gemanagt, um den Nutzen für die Interessengruppen zu analysieren."
b. „Produkte und Dienstleistungen werden entwickelt, um optimale Werte für Kunden zu schaffen."
c. „Produkte und Dienstleistungen werden effektiv beworben und vermarktet."
d. „Produkte werden erstellt, geliefert und gemanagt, um den laufenden Erfolg der Organisation zu sichern."
e. „Kundenbeziehungen werden gemanagt und vertieft."

Für die *Ergebniskriterien* sind jeweils zwei Arten von Teilkriterien beschrieben (EFQM 2009, S. 19):

a. „Wahrnehmungen" bzw. „Erfolgsmessgrößen", bei denen es darum geht zu bewerten, wie Kunden, Mitarbeiter oder die Gesellschaft die Organisation wahrnehmen.
b. „Leistungsindikatoren", die zur Bewertung der Ergebnisse der Organisation aus Sicht der Kunden, Mitarbeiter und der Gesellschaft dienen.

Darüber hinaus wird im Rahmen des Kriteriums „Schlüsselergebnisse" die Zielerreichung über quantitative Indikatoren wie finanzielle Ergebnisse, Budgeteinhaltung oder Leistungsmengen bewertet (EFQM 2009, S. 10 ff.).

Für jedes Teilkriterium sind jeweils noch sogenannte *Ansatzpunkte* zur Veranschaulichung der Teilkriterien beschrieben. Mit den Ansatzpunkten sollen Beispiele und Anregungen zum Verständnis der Kriterien gegeben werden. Die Ansatzpunkte sind nicht verbindlich, sondern zeigen Möglichkeiten auf, Handeln im Sinne der Teilkriterien zu realisieren.

Insgesamt sind weder die Teilkriterien noch die Ansatzpunkte als Normen oder Mindeststandards zu verstehen. Dies macht einen wichtigen Unterschied zu anderen Qualitätsmodellen aus. Das EFQM-Modell stellt eine *„Inventarliste"* für die Selbstbewertung zur Verfügung, wobei jeder Organisation die Entscheidung überlassen bleibt, ob sie alle Teilkriterien mit Aktivitäten hinterlegen will. Bei EFQM steht die Selbstevaluation im Vordergrund.

Ein weiterer wichtiger Unterschied im Vergleich zur ISO ist, dass nicht nur auf Prozesse und Voraussetzungen für die Leistungserbringung fokussiert wird, sondern über die Ergebniskriterien auch die Zielerreichung systematisch untersucht wird.

Wie man schon an der beispielhaften Darstellung der Teilkriterien im Bereich „Führung" erkennen kann, spiegeln sich in der inhaltlichen Ausgestaltung der Kriterien die Haltungen aus den acht Grundkonzepten wider. Die bessere Integration der Grundkonzepte in die Teilkriterien war eine der wesentlichen Veränderungen des neuen EFQM-Modells 2010 im Vergleich zu seinem Vorgängermodell.

2.2.2 Die Exzellenzbewertung

Als dritte Komponente gilt die *RADAR-Logik*. Hierbei handelt es sich um eine strukturierte Vorgehensweise, um die Leistungen einer Organisation zu betrachten und zu beurteilen. Die RADAR-Logik dient sowohl als Instrument zur Selbstbewertung wie auch als Bewertungsgrundlage für die Bewerbung um Excellence-Preise und -Anerkennungen.

Dabei wird eine *Bewertungsmatrix* zur Verfügung gestellt, um die Befähiger- sowie die Ergebniskriterien zu analysieren. Für die Befähigerkriterien werden die drei Elemente „Vorgehen", „Umsetzung" sowie „Bewertung und Verbesserung" analysiert:

- *Vorgehen*: Die Analyse in diesem Bereich fokussiert auf die von der Organisation geplanten Tätigkeiten und deren Begründung. Es geht darum, dass die geplanten Vorgehensweisen fundiert sind, d. h. auf einer klaren Begründung basieren, und dass sie integriert sind, d. h. den strategischen Zielen der Organisation entsprechen.

- *Umsetzung*: Die Umsetzung wird darauf hin bewertet, inwieweit die Vorgehensweisen systematisch eingeführt sind, d. h. auf einer klaren Planung beruhen und so gestaltet sind, dass sie der Organisation sowie der Tätigkeit entsprechen.
- *Bewertung und Verbesserung*: Hier geht es darum, was eine Organisation tut, um die Vorgehensplanung und deren Umsetzung zu überprüfen. Auf der Basis einer regelmäßigen Überprüfung der Effizienz und Effektivität soll die Organisation lernen und kreativ nach Verbesserungs- und Innovationsmöglichkeiten suchen.

Für die Ergebniskriterien werden die Elemente „Relevanz und Nutzen" sowie „Leistungen" untersucht:

- *Relevanz und Nutzen*: Die Ergebnisse werden daran gemessen, inwieweit sie der Strategie sowie den Bedürfnissen und Erwartungen der Interessengruppen entsprechen. Dabei soll auch bewertet werden, was Schlüsselergebnisse für die Organisation sind.
- *Leistungen*: Die Ergebnisse werden daran gemessen, inwieweit vorab gesetzte Ziele erreicht oder übertroffen wurden. Eine Organisation wird dabei als exzellent angesehen, wenn die Ergebnisse einen positiven Trend aufweisen bzw. wenn nachhaltig gute Leistung erzielt wird.

Die Bewertungsmatrix entspricht somit der Logik eines *kontinuierlichen Qualitätskreislaufs*. Für jedes Kriterium oder Teilkriterium dokumentiert und bewertet die Organisation ihre Aktivitäten entlang der Fragenkette: Liegt eine Planung vor? Wird sie systematisch umgesetzt? Wird das Ergebnis evaluiert und werden Konsequenzen aus der Evaluation gezogen? Wie gut ist das Ergebnis? Je nach Bewertungsergebnissen werden Punkte vergeben. Der Qualitätskreislauf der RADAR-Logik folgt wie die ISO dem PDCA-Zyklus, jedoch wird bei EFQM dabei stärker nach Begründungen und Bewertung von Nutzen und Relevanz gefragt.

Grundsätzlich ist EFQM als *Instrument zur Selbstbewertung* bzw. *Selbstevaluation* angelegt. Die Selbstbewertung erfolgt durch Mitarbeiter, die zu Assessoren ausgebildet sind. Dabei dienen die Liste der Kriterien und Teilkriterien sowie die RADAR-Bewertungsmatrix als Grundlage. Mit der Selbstbewertung ist verbunden, dass es der Organisation überlassen bleibt, wie häufig und in welchem Umfang sie sich evaluiert.

Einige Organisationen, die mit EFQM arbeiten, entwickeln dennoch den Wunsch, ihre Qualitätsentwicklung nach außen zu dokumentieren und nachzuweisen. Diese Organisationen können sich auf *Qualitätspreise* bewerben. Hier wird auf der Grundlage der EFQM-Kriterien eine *externe Bewertung* vorgenommen, und Organisationen, die besonders hervorzuhebende Ergebnisse erzielen, werden ausgezeichnet und erhalten damit eine Anerkennung auf hohem Niveau.

Auf europäischer Ebene vergibt die European Foundation for Quality Management z. B. den *European Excellence Award* (EEA). Die Bewertung erfolgt durch Teams von Preisassessoren und eine Jury. Neben dem European Excellence Award ist als wichtiger nationaler Qualitätspreis der *Ludwig-Erhard-Preis* zu erwähnen. Darüber hinaus gibt es regionale und branchenspezifische Qualitätspreise.

Organisationen, die erst in die Arbeit mit dem EFQM-Modell einsteigen oder für die eine Bewerbung auf höchster Ebene nicht Erfolg versprechend erscheint, können am Anerkennungsprogramm der EFQM teilnehmen. Dabei gibt es verschiedene Stufen, die sogenannten *Levels of Excellence*:

- *Committed to Excellence*: Bei dieser ersten Stufe der Levels of Excellence handelt es sich um ein handlungsorientiertes Lernprogramm zur Einführung des EFQM-Modells und der RADAR-Logik – diese Stufe ist sozusagen für EFQM-Einsteiger gedacht. Zunächst wird die Organisation zu einer Selbstbewertung auf der Basis des EFQM-Excellence-Modells angeleitet und entwickelt auf dieser Grundlage Verbesserungsvorhaben. Im zweiten Schritt besucht ein externer sogenannter EFQM-Validator die Organisation und gibt ein Feedback zu den Stärken und Schwächen der Organisation.
- *Recognised for Excellence*: Auf dieser Stufe können sich die Organisationen, die bereits mit EFQM arbeiten und schon einmal eine Selbstbewertung durchgeführt haben, extern auszeichnen lassen. Je nach Punktzahl, die in der Bewertung erreicht wird, kann eine Organisation dabei mit drei bis fünf Sternen ausgezeichnet werden. Mit der Auszeichnung werden die Qualität des Managementansatzes, die Fähigkeit zur Innovation und die Verpflichtung zu exzellenter Leistung bestätigt (EFQM Recognition Brochure 2010).

2.2.3 Vor- und Nachteile

Hervorzuheben ist bei EFQM sicherlich die konsequente Mitarbeiter- und Kundenorientierung. Die starke Einbindung der Mitarbeiter steigert die Identifikation mit dem Unternehmen und dessen Qualitätsentwicklung. Es wird eine Kultur des Lernens erzeugt, die die Mitarbeiter systematisch anregt, Verbesserungsideen einzubringen. Eine Besonderheit von EFQM im Vergleich zur ISO ist zudem, dass sie nicht nur die Systematik von Verfahren und Prozessen in den Blick nimmt, sondern auch die Ergebnisse bewertet werden – allerdings vorrangig finanziell als erreichten Ertrag, nicht substantiell im Sinne der Qualität der Arbeitsbedingungen und der Leistungen. Damit kann das Modell als integriertes Management- und Controllingmodell verstanden werden. Es regt zur Begründung des Managementhandelns und zur Reflexion an und ermöglicht, Schwächen zu erkennen und Stärken weiter auszubauen.

Als nachteilig wird kritisiert, dass gerade für kleine Organisationen die Einführung von EFQM sehr anspruchsvoll und aufwendig sei und zeitlich und personell viele Ressourcen binde. Es wird eine große Fülle von Daten produziert, die nur von im EFQM-Ansatz geschulten Mitarbeitern ausgewertet werden können. Durch die Levels of Excellence sowie die Qualitätspreise ist zwar ein extern bestätigter Nachweis der Qualität grundsätzlich möglich, allerdings entsteht durch die unterschiedlichen Niveaustufen und Qualitätspreise ein heterogenes Bild, das für Nicht-EFQMler weniger durchschaubar ist als ein einheitliches Zertifizierungs- oder Testierungslabel.

Was ist eigentlich Qualität? 3

Die bisherige Diskussion war von der Kritik getragen, dass in den verbreiteten Klassikern des Qualitätsmanagements die Thematik des Managements zwar differenziert behandelt wird, die Frage der Bestimmung von Ergebnisqualität aber eine Leerstelle bildet bzw. nicht inhaltlich bestimmt, sondern auf die Kunden und deren Beurteilung oder auf die Bewertung des finanziellen Ertrags verschoben wird. Das liegt in der Logik einer Wirtschaft, der es vor allem um den Absatz von Waren und Dienstleistungen geht.

3.1 Der Qualitätsbegriff und seine Bedeutung

Seine etymologische Herkunft vom lateinischen »qualitas«: Merkmal, Eigenschaft, Zustand weist dem Wort Qualität eigentlich eine neutrale Bedeutung zu. Qualität meint also die Beschaffenheit oder den Zustand von Etwas und sagt ursprünglich noch nichts darüber aus, ob diese nun gut oder schlecht ist. In unserem Zusammenhang geht es natürlich um *gute Qualität*, um die Güte der Dinge, Prozesse und Zustände, die uns umgeben und betreffen. Wer Wert auf Qualität legt, zeigt damit, dass ihm etwas an den Dingen liegt, die ihn umgeben, an den Menschen, mit denen er es zu tun hat, und an den Verhältnissen, in denen wir zusammen leben und arbeiten. Gleichgültigkeit gegenüber der Qualität, Unachtsamkeit bezüglich guter Qualität ist daher ein sicheres Zeichen von Verantwortungslosigkeit den Menschen und den Sachen gegenüber. Es geht, konsequent zu Ende gedacht, um eine Haltung dem Leben gegenüber – um ein Ethos, wie man auch sagen kann (Zech und Dehn 2017). Es dreht sich um die Verantwortung, die man seinem Leben und dem Leben seiner Mitmenschen gegenüber hat.

R. Zech, *Qualitätsmanagement und gute Arbeit*, essentials,
https://doi.org/10.1007/978-3-658-23601-4_3

Wenn man das Adjektiv gut nicht moralisch versteht, als Gegensatz nicht zu böse, sondern zu schlecht, dann bedeutet es so viel wie wertvoll, geeignet. Das Gute ist dann das Hochwertige, das Geeignete. In diesem Sinne wollen wir es auch in unserer Qualitätsdiskussion verstanden wissen. Qualität soll hier Hochwertigkeit, Geeignetheit bedeuten. Deren Bewertungsmaßstab kann nur in den Lebensumständen derjenigen gefunden werden, *für die* etwas gut bzw. geeignet ist. Über diesen Umweg haben wir es dann doch wieder mit der Moral – oder wie wir in unserem Zusammenhang lieber sagen sollten: mit Ethik – zu tun. Bei der Ethik geht es immer um die Frage, wie wir miteinander leben wollen und wie wir uns deshalb den anderen Menschen gegenüber verhalten sollen. Deshalb ist die philosophische Ideengeschichte für unsere Diskussion relevant. Eine Bestimmung guter Qualität, die nicht in einer ethischen Reflexion gelungenen Lebens wurzelt, regrediert – wie wir sahen – zum abstrakten Managementverfahren mit Verwertungs-, aber ohne Wertebezug, was beim Qualitätsmanagement besonders absurd ist, weil der Begriff Qualität ja bereits auf einen Wert verweist, der eben vorgängig zu bestimmen wäre, bevor man mit dem Managen anfängt. Dies soll im folgenden Schritt geschehen.

3.2 Die philosophische Reflexion des Guten

Weil dem üblichen Qualitätsmanagement die Qualität unserer geistesgeschichtlichen Reflexion ausgetrieben ist und man sich mit inhaltsleeren Prozessformalisierungen begnügt, gehen wir den Weg zurück, beginnen also am Anfang; und dieser wird in unserer westlichen Kultur- und Ideengeschichte meistens ins antike Griechenland datiert – bei Platon. Mit ihm beginnt die philosophische Auseinandersetzung mit dem Guten, worunter er eine gelungene Lebensführung verbunden mit dem entsprechenden Seelen- bzw. Geisteszustand verstand. »Eudaimonia« nannte er das, was meistens etwas verkürzt als Glückseligkeit übersetzt wird. In dem Begriff stecken aber zwei Bedeutungen, nämlich eu = gut/gelungen und daimon = Dämon/Geist. Der Begriff bedeutet also, einen guten Geist zu haben. Und in der Tat, die Diskussion von Qualität muss mit dem Menschen und seiner Haltung zur Welt, seiner Einstellung anderen Menschen und den Dingen gegenüber beginnen und nicht mit dem Management.

Platon (2004a, S. 51 ff.) war der Ansicht, dass die Menschen quasi von Natur aus nach dem Guten streben. Im „Staat“ (Platon 2004b, S. 47 ff.) werden dann drei Arten des Guten bestimmt: Dasjenige Gute, das wir um seiner selbst willen anstreben, z. B. Fröhlichkeit, dasjenige, das wir sowohl um seiner selbst willen als auch wegen seiner Folgen begehren, z. B. Gesundheit, und schließlich dasjenige, das wir trotz der damit verbundenen Anstrengungen und Unannehmlichkeiten, nur wegen der positiven Folgen wollen, z. B. ärztliche Behandlungen. Das höchste Gut ist nach Ansicht des platonischen Sokrates in diesem Dialog allerdings die Gerechtigkeit.

Und das sah auch Aristoteles so, wenn er in seiner Nikomachischen Ethik als höchstes Gut ein gelungenes Leben in einer gerechten Gesellschaft bestimmt. Und gerecht ist, „was in einer staatlichen Gemeinschaft die Glückseligkeit und ihre Bestandteile hervorbringt und erhält." (Aristoteles 1995, S. 102, Hervorh. entf.) Das „höchste menschliche Gut" ist daher, „das Wohl des Gemeinwesens zu begründen und zu erhalten." (Ebd. S. 2) Dazu bedarf es auf der subjektiven Seite der „*Klugheit*" „in bezug auf das, was das menschliche Leben gut und glücklich macht." (Ebd. 135) Das Gute ist der Substanz nach Verstand, der Qualität nach Tugend und der Quantität nach das rechte Maß (ebd. S. 7). Die Qualität der Tugend wird dann sowohl als Habitus als auch als Tätigkeit des Menschen bestimmt, „vermöge dessen er selbst gut ist und sein Werk gut verrichtet." (Ebd. S. 34) Um das Gute zu befördern, bedarf es also einer Haltung, die ihren Ausdruck im entsprechenden Handeln findet. Qualitätsentwicklung bedarf als Grundvoraussetzung einer geistig-praktischen Einstellung der Arbeitenden dem Leben gegenüber. *Qualitätsethos* haben wir dies bereits oben genannt. Das Streben nach dem Guten, das „von Natur angenehm und genussreich ist" (ebd. S. 227), ist für die Beteiligten auch an sich bereits gut, weil es Ausdruck einer bestimmten Einstellung ihrem eigenen Leben gegenüber ist. Dieses Qualitätsethos wurzelt in einer Philosophie des Gelungenen und drückt sich in Qualität schaffenden Handlungen aus, und deshalb „hängt die Qualität des Ziels, das wir uns setzen, von unserer eigenen Qualität ab" (ebd. S. 58).

Wenn wir uns eine Haltung zu guter Qualität unseres Lebens und der dafür lebenswichtigen Dinge und Beziehungen zu eigen machen, dann werden wir die Erfahrung machen, dass diese Qualität sich ausbreitet und auf andere überträgt. Deshalb schreibt Robert Pirsig in seinem Roman „Zen und die Kunst ein Motorrad zu warten" (1978, S. 371): Wer „eine Kunst aus seinem Handwerk macht, wird [...] entdecken, dass er für seine Mitmenschen ein viel interessanterer Mensch wird und sie ihn viel weniger als Objekt ansehen, weil seine Entscheidung für die Qualität auch ihn selbst verändert. Und nicht nur seine Arbeit und ihn selbst, sondern auch andere, weil Qualität die Tendenz hat, sich wellenartig auszubreiten. Die Qualität seiner Arbeit, von der er selbst geglaubt hat, dass niemand sie bemerken werde, wird bemerkt, und jeder, der sie bemerkt, fühlt sich ein bisschen besser und wird dieses Gefühl wahrscheinlich auf andere übertragen, und auf diese Weise ist dafür gesorgt, dass die Qualität erhalten bleibt."

3.3 Die Qualität des guten Lebens in einer gerechten Gesellschaft

Die wesentliche Qualität, um die sich alles dreht, ist die eines gelungenen Lebens in einer gerechten Gesellschaft (Vgl. Zech und Dehn 2017, S. 13 ff.). Erst von dieser Position aus lässt sich die Qualität aller anderen Dinge, Prozesse und Verhältnisse bestimmen, also die Qualität von Arbeit und die der produzierten Produkte und der konzipierten Dienstleistungen. Eine solche Qualitätseinstellung, egal ob wir sie Ethos oder Tugend nennen, erfordert ein radikales Umdenken in unserer leistungs- und erfolgsfixierten Gesellschaft, für die Fortschritt immer noch durch Natur und gesellschaftliche Kohäsion zerstörendes materielles Wachstum definiert ist. Eine gute Qualität hat stattdessen alles das, was ein demokratisches Zusammenleben fördert, die Menschen in ihren Fähigkeiten entwickelt, ihnen gerechte Verwirklichungschancen in der Gesellschaft zur Verfügung stellt und die uns umgebende Natur erhält und pflegt.

Ein gutes organisationales Qualitätsmanagement würde zur Grundlage haben, dass wir zunächst bestimmen, was wir wirklich brauchen. Wir können dies mit Rawls Grundgüter oder mit Skidelsky/Skidelsky Basisgüter nennen. Auf jeden Fall geht es um unverzichtbare Grundbedürfnisse aller. Auf dieser Basis wären die Eigenschaften – also die Qualität – der Produkte und Dienstleistungen zu bestimmen, die in dieser Hinsicht förderlich sind. Schließlich wäre die Art der Arbeitsverhältnisse zu gestalten, die menschenwürdige Produktion von lebensdienlichen Produkten und Dienstleistungen hervorbringen. (Vgl. Kap. 4) Qualität gibt es also nicht an sich, sondern nur für uns, und zwar in doppelter Hinsicht: für uns als Arbeitende und für uns als Gebrauchende. Weil diejenigen, welche die Arbeitsleistung erbringen, und diejenigen, die Gebrauch von ihr machen, in arbeitsteiligen Gesellschaften selten dieselben Personen sind, liegt hier ein Spannungsverhältnis. Es muss im Bewusstsein voneinander und füreinander ausgetragen werden, es bedarf der Verständigungsprozesse.

Wenn wir von Qualität reden, dann geht es um das Ganze, dessen Teil wir sind. Ohne gute Qualität wäre das Leben nicht lebenswert. Qualitätsmanagement macht in meinen Augen nur aus dieser Perspektive Sinn; andernfalls verkümmert es zu einem technischen Verfahren, das mit uns als Menschen nichts zu tun hat, bzw. schlimmer, uns als »Rädchen im Getriebe« in herrschaftsförmige Verhältnisse einpasst. Wenn wir Qualität wollen, sind wir auf die Frage verwiesen, in was für einer Gesellschaft wir leben wollen und was wir uns unter guter Arbeit vorstellen. Dies müssen wir daher in einem nächsten Schritt bestimmen.

4 Gute Arbeit in einer gerechten Gesellschaft

Arbeit ist für den modernen Menschen so allumfassend und damit »normal« geworden, dass wir übersehen, dass unser modernes Arbeitsverständnis eben nur so alt ist wie die Moderne selbst. Ältere Gesellschaften unterschieden verschiedene Tätigkeitsformen, für die der Überbegriff Arbeit fehlte. Im klassischen Griechenland gab es z. B. die subsistenzsichernde landwirtschaftliche Tätigkeit, vornehmlich der Heloten und Sklaven (ponos), die werkschaffende Tätigkeit der in der Regel freien Handwerker und Künstler (poiesis), die auf die Gestaltung des sozialen Zusammenlebens in der Polis bezogene Tätigkeit des Adels (praxis) und die tätige Muße der (Selbst)Bildung der Philosophen (schole). Heute nennen wir alles einfach Arbeit – mittlerweile heißt sogar die Pflege des zwischenmenschlichen Umgangs Beziehungsarbeit.

4.1 Arbeit als Einheit von Bedarf, Leistung und Gebrauch

Für unseren Zweck wollen wir das Rad zurückdrehen und Arbeit wieder in ihr beschränktes, allerdings im wahrsten Sinne des Wortes grundlegendes Recht einsetzen. Ich nenne Arbeit den Teil sozialen Handelns, der sich auf die subsistenzsichernde Reproduktion des gesellschaftlichen und damit auch des individuellen Lebens richtet. Damit ist eines bereits unterstellt: Arbeit ist ein gesellschaftskonstituierendes soziales Handeln ebenso wie Kommunikation (Vgl. Zech und Dehn 2017, S. 37 ff.).

Wie Kommunikation auf der Seite des Senders eine Information voraussetzt, die in eine Mitteilung überführt und schließlich von einem Empfänger verstanden wird, besteht auch Arbeit aus einer dreifachen Selektion. Vorausgesetzt ist ein Bedarf, dieser führt zu einer Leistung, die von jemandem gebraucht wird. Deshalb

R. Zech, *Qualitätsmanagement und gute Arbeit*, essentials,
https://doi.org/10.1007/978-3-658-23601-4_4

wird *Arbeit* von Arlt (2014) als Verhältnis bestimmt, das erstens auf *Bedarf* beruht, zweitens eine *Leistung* für die Gesellschaft zur Verfügung stellt, die drittens diesen Bedarf im *Gebrauch* der Leistungen befriedigt.[1] Die Sozialität wohnt der Arbeit also systematisch inne: Sie beruht auf einer gesellschaftlichen Bedarfslage und auf Bildungsprozessen, die Kompetenzen entwickeln. Die Kompetenzen setzen sich um in Leistungen, die in unmittelbarer oder zumindest mittelbarer Kooperation realisiert werden. Da die produzierten Leistungen auf einem realen Bedarf beruhen, werden sie von anderen auch wirklich gebraucht – und zwar im doppelten Sinne: sie benötigen die Leistungen und sie nutzen sie. Der Kreis hat sich geschlossen.

Da nun allerdings – wie wir bereits in Kap. 1 sahen – die kapitalistische Wirtschaft nicht der Logik des Bedarfs, sondern der Bedarf der Wirtschaft folgt (Luhmann 1974, S. 208), ist dieser natürliche Kreislauf gestört. Arbeit ohne Ende und Arbeitslosigkeit ereignen sich gleichzeitig. Kapitalistisch interessant ist einzig und allein das Verhältnis zwischen den Kosten der Leistung und den Einnahmen für den Gebrauch. Um solche Einnahmen zu generieren, muss möglichst unablässig, möglichst produktiv, möglichst billig geleistet werden. Zum Zweck der Mehrwertproduktion werden Güter hergestellt, die keiner braucht bzw. für die erst ein künstlicher Bedarf geschaffen werden muss. Dafür sind die Marketingabteilungen und die Werbeagenturen zuständig. Was gekauft wird, wird im Nachhinein zu einem Bedarf umgedeutet, den es vorher gar nicht gegeben hat. Wenn allerdings nicht für den Bedarf, sondern für den Verkauf produziert wird, bedeutet dies, dass im Sinne eines gelungenen gesellschaftlichen Lebens nicht gearbeitet, zumindest keine gute Arbeit geleistet wurde.

An dieser Stelle wird nachvollziehbar, weshalb ein Qualitätsmanagement, das sich umstandslos in den Dienst der Wirtschaft stellt, Kundenorientierung und Prozessoptimierung als zentrale Orientierungsgrößen propagieren muss. Wenn kein Bedarf existiert, sondern die Leistung sich ihren Gebrauch erst suchen und erfinden muss, hängt alles davon ab, Kunden dafür zu gewinnen, sich einen Gebrauch dieser Leistung vorstellen zu können und letztlich sogar für wünschenswert zu halten. Das kann nur mit optimaler Kundenorientierung funktionieren. Wenn zum anderen die Leistungserbringung möglichst produktiv und kostengünstig vonstatten gehen muss, ist Prozessoptimierung der Königsweg.

Bedarf, Leistung und Gebrauch sind drei so grundlegende gesellschaftliche Dimensionen, dass die Art und Weise, wie sie realisiert werden, maßgeblich

---

[1]In der Diskussion mit meinem geschätzten Kollegen Hans-Jürgen Arlt haben wir seine ursprüngliche Selektion Qualifikation/Leistung/Gebrauch abgeändert in Bedarf/Leistung/Gebrauch.

darüber entscheidet, ob wir es mit einer guten und gerechten Gesellschaft zu tun haben. Umgekehrt lassen sich sozial gespaltene, ökologisch unverantwortliche oder gesundheitlich schädliche Verhältnisse daran erkennen, welcher Bedarf gesellschaftlich anerkannt, welche Leistung abgefordert und welcher Gebrauch von den Erzeugnissen gemacht wird. Die Frage nach der Qualität ernst genommen, muss eine Auseinandersetzung mit jeder der drei Komponenten der Arbeit geführt werden.

Die kreisförmige Logik der Arbeit gerät allerdings in Turbulenzen, sobald die Wirtschaft die Führung übernimmt. Zu den Symptomen gehört z. B., dass jeder Gebrauch recht ist, vor allem wenn er in einen schnellen *Ver*brauch mündet, dass nur zahlungsfähiger Bedarf von Interesse ist, dass die größte Aufmerksamkeit der Differenz gilt zwischen den Kosten der Leistung und den Einnahmen, die für den Gebrauch bezahlt werden. Ökonomisch werden die Qualitäten der Arbeit, also die Merkmale und Eigenschaften des Bedarfs, der Leistung und des Gebrauchs zu Dienerinnen der Quantitäten des Geldes. Noch so dringender Bedarf wird ignoriert, solange Zahlungsfähigkeit nicht erwartet wird.

4.2 Dimensionen und Kriterien guter Arbeit

„Einem guten menschlichen Leben muß die Dimension – müssen die Dimensionen – gelingender Arbeit offenstehen", schreibt Seel (1999, S. 142). Arbeit ist zwar kein Selbstzweck, sondern realisiert einen fremden Zweck; dennoch ist Arbeit auch Teil eines gelingenden Lebens – sofern sie ein Teil ist und nicht als Pathologie alle anderen Bereiche des Lebens kolonialisiert. Für Seel ist eine Grundbedingung guter Arbeit, dass sie ein erkennbarer Beitrag zum gemeinschaftlichen und gesellschaftlichen Leistungstausch ist, d. h. ein Produkt herstellt, das die Arbeitenden tatsächlich auf dem Wege dieser Arbeit erreichen möchten. „Von gelingender Arbeit können wir also nur dort sprechen, wo ein gewünschter Zweck auf Wegen erreicht wird, die der Arbeitende zum Erreichen dieses Zwecks auch gehen will." (Ebd. S. 147) Eine zweite Grundbedingung guter Arbeit ist, dass die individuelle Arbeitsfähigkeit – trotz notwendiger, aber gewollter Anstrengung – zugleich als Ausübung einer sozialen Kompetenz verstanden werden kann. Arbeit leidet also darunter bzw. sie hört auf gute Arbeit zu sein, wenn die gesellschaftlichen Bedingungen sinnvollen Produzierens nicht in ausreichendem Maße gegeben sind.

Gute Arbeit kann nun grundsätzlich über die drei unverzichtbaren Selektionen definiert werden: Vorausgesetzt wird ein gesellschaftlicher Bedarf und die Bildung von Kompetenzen, die sich in der Leistungserstellung realisieren. Dabei geht es nicht nur um Ausbildung, sondern darüber hinaus auch um eine die Arbeitenden als gesellschaftliche Persönlichkeiten entwickelnde *Bildung*, verstanden als allseitige Entfaltung ihrer geistig-rationalen, musisch-ästhetischen und sinnlich-körperlichen Kräfte. Diese menschlichen Gestaltungskräfte realisieren sich in der *Herstellung* von Produkten und Dienstleistungen. Neben der gesellschaftskonstituierenden Form von Arbeit realisiert sich im Herstellungsprozess eine zweite Form der Sozialität: die Zusammenarbeit. Gute Arbeit meint nun allerdings mehr als arbeitsteilige Kooperation; vielmehr geht es um gelingende kollektive Praxisformen, die auf das real Gemeinsame eines guten Lebens verweisen und in ihm wurzeln. Dieser Gesamtprozess findet seinen Beweggrund und seinen Abschluss darin, dass etwas produziert wurde, das zur Reproduktion des gesellschaftlichen Lebens wirklich gebraucht wird, d. h. einen *echten Bedarf* befriedigt. Im Gebrauch findet Arbeit ihren Abschluss. Die daran beteiligten Individuen haben jenseits dieses Prozesses dann die Möglichkeiten, ihr Menschsein in anderen Formen sozialen Handelns zu realisieren, sei es, dass sie sich ihren Partnern, Kindern und Freunden widmen, sich kulturell betätigen oder an der Gestaltung ihres Gemeinwesens beteiligen. Mit Arbeit haben diese anderen Formen sozialen Handelns dann jedoch nichts mehr zu tun. Gute Arbeit funktioniert allerdings ab dem Moment nicht mehr, wenn das Arbeiten kapitalistisch überformt wird. Denn wenn das Movens der Arbeit nicht mehr im Bedarf, sondern in der erweiterten Reproduktion des investierten Kapitals liegt, springt der Prozess aus seiner Verankerung; er wird selbstzweckhaft und beginnt „ein Steigerungsspiel in der Logik des Suchtverhaltens" (Arlt 2014, S. 129).

Gute Arbeit ist darum grundsätzlich nur in einer *guten Gesellschaft* möglich, die ihren Individuen ausreichende Möglichkeiten eines gelingenden Lebens bietet. Schon Aristoteles (1995) hatte in seiner Nikomachischen Ethik darauf verwiesen, dass ein gutes Leben nur in einer gerechten Gesellschaft möglich ist. Deshalb ist die Gerechtigkeitsthematik auch für die Frage guter Arbeit unverzichtbar. Gerecht ist eine Gesellschaft aber nicht schon, wenn sie allen in ausreichender Form die unverzichtbaren Basisgüter – wie Gesundheit, Sicherheit, Bildung, gegenseitiger Respekt, persönliche Autonomie, Harmonie mit der Natur und Muße für selbstzweckhafte Aktivitäten, die für den Tätigen Erfüllung bedeuten – zur Verfügung stellt, wie Skidelsky/Skidelsky (2012) meinen. Gerecht ist eine Gesellschaft erst, wenn sie ihren Mitglieder darüber hinaus auch die notwendigen Verwirklichungschancen bietet. Der Capabilities-Ansatz von Sen (1993) ist daher eine zwingende Ergänzung zu den nur auf die Verteilung der Grundgüter einer Gesellschaft ausgerichteten Gerechtigkeitskonzeptionen. Capabilities sind die einem konkreten Individuum zur Verfügung stehenden Verwirklichungschancen bzw. die zur Auswahl stehenden Lebensweisen, d. h. die Möglichkeiten einer Person, ein von ihr als gut bewertetes Leben zu verwirklichen. Die Verwirklichungschancen sind zwar einerseits abhängig von den Fähigkeiten, die ein Individuum entwickeln konnte; sie liegen aber andererseits auch auf einer gesellschaftlich-strukturellen Ebene der zur Verfügung gestellten realen Möglichkeiten. Neben den unverzichtbaren Basisgütern sind also die Capabilities ein ebenso notwendiger Aspekt einer gerechten Gesellschaft.

Dass kapitalistische Gesellschaften – und die Globalisierung sorgt dafür, dass es andere im Grunde nicht gibt – ein erhebliches Gerechtigkeitsdefizit haben, ist offensichtlich. Eine Ökonomie, die nicht auf Nachhaltigkeit beruht, sondern die auf Gedeih und Verderb in ihrer selbstzerstörerischen Steigerungsspirale gefangen ist, kann Qualität und gute Arbeit nicht wirklich garantieren.

Dennoch sollten wir die »Flinte nicht ins Korn werfen« und auf jegliche Verwirklichungschancen guter Arbeit resignativ verzichten. Sennett (2008) hat in seiner Studie über das Handwerk gezeigt, dass es ein dauerhaftes menschliches Grundbestreben gibt, eine Arbeit um ihrer selbst Willen gut zu machen. Er sieht dieses Bedürfnis der Arbeitenden nicht nur bei Handwerkern, sondern ebenfalls bei Programmiererinnen, Ärzten, Künstlerinnen, Lehrern oder Laborantinnen etc. Gute Arbeit zu machen und einen sinnvollen Beitrag für die Gemeinschaft zu leisten, erfüllt die Einzelnen mit Stolz. Deshalb entwickeln Berufsgruppen oder Professionen auch eigene Standards, ethische Maßstäbe und Qualitätsanforderungen.

Daher sollen abschließend für dieses und vorbereitend für das nächste Kapitel *Kriterien* resümiert werden, die an gute Arbeit anzulegen wären. Als wichtigstes Gütekriterium von Arbeit nennt Gronemeyer (2012) die *Rückerstattung*. Gut ist ihrer Ansicht nach eine Arbeit, wenn sie in der Lage ist, die menschlichen und natürlichen Kräfte, aus denen sie sich nährt, nicht nur zu erhalten, sondern auch zu entwickeln (ebd. S. 53). Damit ist einerseits gemeint, dass die Fähigkeiten der Arbeitenden nicht nur genutzt, sondern auch gebildet werden und dass die Arbeit nicht nur erschöpft, sondern auch befriedigt. Andererseits müssen auch die natürlichen Ressourcen nicht nur verbraucht, sondern auch erhalten werden, und die Produktion von Müll sollte so gering wie möglich ausfallen. Daher gelten als Gütekriterien z. B. Dauerhaftigkeit, Haltbarkeit, Reparabilität und Ressourcenschonung. Grundsätzlich sollte gute Arbeit sich aus dem gesellschaftlichen Nutzen legitimieren, den sie stiftet. Gute Arbeit ist sinnvolle Arbeit.

In seiner Ethik differenziert Dworkin (2012) zwischen dem Produktionswert und dem von ihm so genannten Leistungswert eines guten Lebens. In beiden Fällen geht es wesentlich darum, dass die anderen im Blick sind, für die etwas geschaffen wird. Mit dem *Produktionswert* ist gemeint, dass es gelingt, etwas zu schaffen, das material vorliegt und das Leben aller durch einen dauerhaften

Wert bereichert, sei es im gegenständlichen oder im kulturellen Sinne, also z. B. ein Impfstoff oder eine Sinfonie. Auch beim Leistungswert geht es darum, dass die Gesellschaft bereichert wird – allerdings im ethischen, nicht im materiellen Sinne. Hier geht es um Beiträge zum gelingenden gesellschaftlichen Zusammenleben, z. B. durch soziale Dienstleistungen wie der Lebensberatung. Dafür müssen die Arbeitenden das Wozu der Arbeit im Blick haben und es mitbestimmen, mindestens aber bejahen können. Diese Mitbestimmung bzw. Bejahung bezieht sich auf die Ziele, die Mittel, die Zeitdisponibilität und die Ergebnisse der zu leistenden Arbeit. Schließlich ist ein ganz wesentliches Kriterium die gelingende Zusammenarbeit der Arbeitenden. Und dies meint mehr als die ständig beschworene Teamarbeit; es geht um eine grundsätzlich konkurrenzfreie Kooperation jenseits herrschaftlicher Unterordnung.

Erst wenn solche Gütekriterien von Arbeit so weitgehend wie möglich berücksichtigt und realisiert sind, können wir von guter Arbeit sprechen. Darauf hätte gutes Qualitätsmanagement sich zu richten. Dass dies auch unter den gegeben Verhältnissen – zumindest in Teilbereichen – möglich ist, wird im Kap. 6 aufgezeigt. Alle anderen Formen des sogenannten Qualitätsmanagement dienen nur dazu, die menschliche Arbeit jenseits substanzieller Qualitätsvorstellung auf verwertungsgerechte Verfahrensförmigkeit zu degenerieren.

Gelingende Qualitätsentwicklung und ihre Voraussetzungen

5

Das Gute und das Gelingen sind Geschwister. Bereits das von den griechischen Vorsokratikern verwendete »to eu para mikron« wird mit »das Gelingen durch Kleinigkeiten« übersetzt (Diels 1922, S. 296). Wir haben den Begriff »eudaimonia« bereits in unserer Qualitätsdefinition kennengelernt. Die gemeinte Glückseligkeit war die richtige Einstellung zum Guten bzw. das gelingende Leben in einer gerechten Gesellschaft (vgl. Kap. 3). Diogenes Laertius (1990, S. 89) zieht dann das Gute und das Gelingen zusammen, wenn er über Sokrates schreibt, dass das „gute Gelingen" bereits „mit Kleinem" anfange, auch wenn es „nichts Geringes" sei (Zech und Dehn 2017, S. 18 ff.).

5.1 Erfolg oder Gelingen?

Das Gelingen verweist allerdings stärker als das Gute auf den Aspekt der Handlungsfähigkeit der Individuen, also darauf, dass sie das Gute selbst in der Hand haben. „Das Können des Subjekts besteht darin, etwas gelingen zu lassen, etwas auszuführen. Vermögen zu haben oder ein Subjekt zu sein bedeutet, durch Üben und Lernen imstande zu sein, eine Handlung gelingen lassen zu können." (Menke 2013, S. 13)

Dass das Gelingen in der modernen Gesellschaft so wenig Anerkennung findet, liegt vielleicht an deren Erfolgsvernarrtheit, vermutet Schulze (2006, S. 182). Auf jeden Fall ist der Unterschied zwischen Erfolg und Gelingen eklatant. Das Herkunftswörterbuch des Duden (2001, S. 264) erklärt *gelingen* mit „glücken, gedeihen". Es bedeutet ursprünglich „leicht oder schnell vonstatten

R. Zech, *Qualitätsmanagement und gute Arbeit*, essentials,
https://doi.org/10.1007/978-3-658-23601-4_5

gehen". Damit ist es etwas ganz anderes als *Erfolg*, der von der Wortherkunft als ein Hinterher, der Ausgang, die Wirkung, die Folge von etwas bestimmt ist. Der Begriff hat in althochdeutscher Zeit auch die Bedeutung „sich nach jemandem richten, beistimmen, gehorchen" (ebd. S. 230). Daher die Wortbildungen »befolgen« und »folgsam«. Erfolg bedeutet, dass man etwas geschafft hat, vielleicht aus Folgsamkeit, jedenfalls geht es um das Erreichen eines äußerlichen Zieles. Das ist für Karrieren nicht unbedeutend, aber deshalb noch keine gute Arbeit. Das Gelingen bezieht das Subjekt ein, ist ein Glücken, ein Vermögen menschlicher Handlungsfähigkeit, das sich selbstbestimmte oder doch zumindest überzeugt zugestimmte Ziele gesetzt hat.

Eine Bedingungsanalyse des Gelingens rückt auf jeden Fall die menschliche Handlungs-, Reflexions- und Entscheidungsfähigkeit ins Zentrum. Wenn Qualität, wie wir gerade sahen, das menschliche Vermögen des Gelingens ist, gelingt ein Leben, wenn es Lebensziele hat, die in Werten begründet sind, die nicht nur für den Einzelnen, sondern für die Gemeinschaft als Ganze von Bedeutung sind. Die Gelingensfähigkeit entspricht dem Niveau der individuellen Handlungsfähigkeit. Unterstellt, dass Handlungsfähigkeit das erste menschliche Lebensbedürfnis ist (Holzkamp 1983, S. 243), dann ist die Tatsache, dass eine Handlung gelungen ist, der wesentliche Indikator für eine entwickelte Handlungsfähigkeit, mithin Persönlichkeit des Handelnden. Insofern als die eigene Existenz für ein Individuum logischerweise das erste Existenzbedürfnis ist, dreht sich das ganze menschliche Leben um das Gelingen. Deshalb unterscheidet auch Holzkamp die menschliche Handlungsfähigkeit begrifflich in eine restriktive Variante, die in der Anpassung an die bestehenden Verhältnisse besteht, und eine verallgemeinerte Variante, die den Versuch realisiert, gemeinsam mit anderen seine Verfügung über die individuell bedeutsamen gesellschaftlichen Lebensbedingungen zu erhöhen. Da wir gesehen haben, dass ein gelingendes Leben und Arbeiten sich nicht in der Realisierung unmittelbarkeitsverhafteter Eigeninteressen erschöpft, bezieht sich ein Gelingen immer auf ein verallgemeinerbares qualitativ Gutes, das wir bereits oben (in Kap. 3) näher bestimmt haben. Gelingen heißt auf jeden Fall, seines eigenen Lebens mächtig, nicht fremden Bestimmungen ausgeliefert zu sein, nicht austauschbar, nicht nur ein Beliebiger zu sein. Gelingen ist ein Können. Etwas gelingen lassen, bedarf der Könnerschaft. „Dieses »Gelingen« (nicht irgendeinen objektiv meßbaren Erfolg) registrieren wir im ästhetischen Empfinden als Lustgefühl." (Lehnerer 1994, S. 72)

5.2 Voraussetzungen und Definition gelingender Qualitätsentwicklung

Ein gelungenes Leben und Arbeiten hängt nun aber strukturell nicht in der Luft, sondern braucht absichernde institutionelle Bedingungen. Qualitätsarbeit entfaltet sich nicht von allein in einem sozialen und ökonomischen Vakuum. Zeitdruck, finanzielle Ressourcenkürzungen und verschärfte Konkurrenz zeigen sich als Qualitätsverhinderungsmechanismen. Gute Arbeit als Prozess und Ergebnis ist daher nicht voraussetzungslos und unter allen Bedingungen gleichermaßen möglich. Sie erfordert eine Vorstellung darüber, wofür das Ergebnis der Arbeit gut sein soll, und eine diesbezügliche Entwicklungszeit, die nicht beliebig betriebswirtschaftlich verkürzt werden kann. Sie erfordert zudem Kooperationsverhältnisse, die nicht unter Wettbewerbsdruck stehen. Es gehört zu den Anforderungen der Praxis, dass man sich nicht einfach nur »durchwurstelt« und mit Mittelmäßigkeit bereits zufrieden ist. Man muss rasche Lösungen vermeiden und braucht Geduld, dass die Sache sich entfalten kann. Gute Arbeit als Ergebnis braucht also gute Organisation als Prozess.

Damit Qualitätsentwicklung von Arbeit gelingt, müssen individuelle, interaktionelle, organisationale und gesellschaftliche Voraussetzungen erfüllt sein:

Zu den *individuellen Voraussetzungen* gehört zwingend ein *Qualitätsethos*. Die Arbeitenden müssen Qualität an sich anstreben, denn die Qualität ihrer Arbeit verrät viel über die Arbeitenden. Sie müssen durch die Art, wie sie ihre Arbeit verrichten, zeigen, dass ihnen an den Menschen, für die und mit denen sie arbeiten, und an den Produkten und Dienstleistungen, die sie erbringen, etwas liegt.

Die *interaktionellen Voraussetzungen* bestehen im Wesentlichen in *gelungenen Kooperationsformen*, die in einem realen Gemeinsamen wurzeln. Das Gemeinsame ist ein gutes gesellschaftliches Zusammenleben und eine nachhaltige Zukunftsentwicklung für die kommenden Generationen. Es drückt sich in den angestrebten Zielen, aber auch in den Formen der Zusammenarbeit aus. So hat z. B. Simon (2004) gezeigt, dass Gruppen und Teams, je nach der Qualität ihrer Zusammenarbeit, klüger, aber auch dümmer sein können, als die Summe der Einzelintelligenzen der Beteiligten.

Die *organisationalen Voraussetzungen* bestehen in der in der *Konzeptions-, Prozess- und Strukturqualität* der Unternehmen, die sich schlussendlich in der *Ergebnisqualität* ihrer Produkte und Dienstleistungen widerspiegeln muss. Qualität besteht in diesen Kontexten nicht darin, dass man irgendwelche Verfahren einführt, Prozesse standardisiert und die Arbeitenden dann an diese Verfahren anpasst. Qualität besteht hier im Kern darin, dass reflektiert und begründet produziert wird, was der Gesellschaft und den Menschen nutzt.

Die *gesellschaftlichen Voraussetzungen* spielen selbstverständlich eine besondere Rolle. In einer Gesellschaft, deren Ökonomie auf unkontrolliertem Wachstum und rücksichtsloser Ausbeutung der fossilen und humanen Ressourcen beruht und die die Zerstörung der Umwelt deshalb in Kauf nimmt, ist Qualität nur von nachrangiger Bedeutung. Ordnet sich die Gesellschaft den Kriterien ökonomischer Erfolge unter oder wird die Wirtschaft im Sinne gelingender Arbeit und eines guten Lebens gestaltet? Eine nachhaltig wirtschaftende Gesellschaft ist die entscheidende Voraussetzung dafür, dass dauerhaft und nachhaltig die Qualität der Produkte und Dienstleistungen, aber auch der Arbeits- und Lebensformen an erster Stelle steht.

Zum Abschluss dieses Kapitels sollen die verschiedenen Aspekte einer gelungenen Qualitätsentwicklung in einer handlichen Definition zusammengefasst werden. Diese *Definition des Gelungenen* kann als regulierende Idee bzw. roter Faden und als Beurteilungskriterium dienen, wie geeignet Qualitätsmanagementsysteme sind. Qualitätsentwicklung in Organisationen ist also gelungen, wenn

- *Qualitätsziele* angestrebt werden, die ethisch begründet die Interessen des verallgemeinerten Anderen, d. h. der realen und potenziellen Kunden, berücksichtigen, also einer nachhaltigen Entwicklung einer gerechten Gesellschaft und einer Schonung natürlicher Ressourcen dienen.
- die organisationalen *Strukturen* und *Prozesse* der Unternehmen das Gelingen guter Arbeit und die Entfaltung der sozialen Fähigkeiten der Arbeitenden befördern und unterstützen.
- das Handeln der Beschäftigten in einem *Qualitätsethos* begründet ist; die Arbeitenden also das Gute auch um seiner selbst willen anstreben und nicht nur aus unmittelbaren Nützlichkeitserwägungen.
- *intersubjektive Abstimmungen* und gelungene *Kooperationsformen* vorliegen, die im realen Gemeinsamen verwurzelt sind.
- sich die Qualität schlussendlich vor allem in gesellschaftlich sinnvollen *Produkten* und *Dienstleistungen* für die Kunden und für eine nachhaltige gesellschaftliche Entwicklung niederschlägt.

6 Besonderheiten einer Qualitätsentwicklung bei personenbezogenen sozialen Dienstleistungen

Nachdem das Thema einer gelingenden Qualitätsentwicklung bisher grundsätzlich, d. h. für jegliche gute Arbeit in allen Organisationsformen, abgehandelt wurde, soll die Fragestellung abschließend auf einen Bereich zugespitzt werden, in dem in einer besonderen Weise eine ethisch bedeutsame Arbeit erledigt wird, weil Dienstleistungen direkt für und am Menschen erbracht werden. Es geht also – wie man generell sagt – um personenbezogene soziale Dienstleistungen in der Bildung, Beratung und sozialen Arbeit. Bei diesen Dienstleistungen ist ein rein ökonomisches Denken, das von dem Bedarf der Betroffenen absieht, unmöglich. Ohne die Berücksichtigung derjenigen, die die Leistungen brauchen und gebrauchen, kann die Arbeit hier nicht funktionieren. Dieses abschließende Kapitel dient als Beispiel, wie eine gelungene Qualitätsentwicklung aussehen könnte.

6.1 Die Besonderheit personenbezogener sozialer Dienstleistungsorganisationen

Organisationen der Bildung, Beratung und sozialen Arbeit unterscheiden sich in vielfältiger Hinsicht von produzierenden Wirtschaftsunternehmen, aber auch von anderen Dienstleistungsanbietern. Diese Organisationen bedürfen in einer besonderen Weise eines für sie geeigneten Qualitätsmanagements, weil die Qualität ihrer Arbeit im Wesentlichen gar nicht mehr von Standardisierungen und Formalisierungen abhängt. Die Professionalität personenbezogener sozialer Dienstleistungen zeigt sich nämlich gerade nicht in der Einhaltung von formalisierten Standards, sondern in der begründeten Abweichung im Entwicklungsinteresse des einzelnen Falls.

R. Zech, *Qualitätsmanagement und gute Arbeit*, essentials,
https://doi.org/10.1007/978-3-658-23601-4_6

Organisationen der Bildung, Beratung und sozialen Arbeit zeichnen sich im Unterschied zu Unternehmen durch bestimmte Besonderheiten aus (Klatetzki, Hrsg. 2010): Sie sind formalisierte soziale Systeme, die personenbezogene Dienstleistungen für Abnehmer erbringen, die in der Regel keine Kunden im wirtschaftlichen Sinne, sondern Teilnehmer oder Klienten sind. Die erbrachten Dienstleistungen werden durch das Gemeinwesen finanziert oder zumindest kofinanziert. Da die Dienstleistungen unmittelbar an Individuen vollzogen werden, was fast immer die Einflussnahme auf einen Zustand oder auf Handlungen von Menschen impliziert, haben sie unvermeidlich eine direkte ethische Dimension. Die verwendeten Technologien unterliegen einem Defizit, weil nicht sicher angegeben und kontrolliert werden kann, ob mit den angewendeten Methoden auch das gewünschte Ergebnis erzielt werden kann (Luhmann und Schorr 1988, S. 118 ff.). Das liegt vor allem daran, dass bis auf Ausnahmefälle völliger Hilflosigkeit der Klient eine Mitverantwortung für das Ergebnis der Dienstleistung übernehmen muss, in diesem Sinne also Ko-Produzent ist. In der doppelten Kontingenz des kommunikativen Dienstleistungsverhältnisses liegt auch die bereits genannte Schwierigkeit der Erfolgsmessung begründet, weil nie klar sein kann bzw. jeweils im Einzelfall geklärt werden muss, ob die Beteiligten überhaupt über gemeinsame Ziele verfügen. Die Arbeit in personenbezogenen sozialen Dienstleistungsorganisationen vollzieht sich also unter der Dominanz der Sozialdimension, d. h. ihre Kerntätigkeiten laufen über interaktive Mitarbeiter-Klienten/Teilnehmer-Beziehungen. Soziale Dienstleistungsanbieter werden gelegentlich auch als hybride Organisationen bezeichnet, weil sie ihre Ressourcenakquisition im Schnittfeld zwischen Staat, Markt und dem sogenanntem dritten Sektor der Gemeinwirtschaft sichern müssen. Diese intermediären, also zwischen unterschiedlichen Stellen vermittelnden Organisationen, bedürfen einer besonderen Steuerung inklusive eines besonderen, für sie passenden Qualitätsmanagements.

6.2 Das Qualitätsmanagement der Lerner- und Kundenorientierten Qualitätsentwicklung

Speziell für diesen Organisationstyp wurde die Lerner- und Kundenorientierte Qualitätstestierung entwickelt (Zech 2007, 2009, 2014a, b, 2017). Diese Qualitätsmanagementmodelle gehen explizit vom Gelingen aus. Wenn das Gute im organisationalem Kontext die gute Arbeit im Sinne einer bestmöglichen Dienstleistung für die Adressaten ist, dann gibt die entsprechende Definition der gelungenen Leistung das Entscheidungskriterium an die Hand, welche Handlungen im organisationalem und individuellem Kontext sinnvoll zu vollziehen – und ggf. eben auch zu verbessern – sind, nämlich diejenigen, die begründet zu einer Realisierung der definierten guten Ergebnisqualität beitragen. Um Qualität in Bildung, Beratung und sozialer Arbeit – zusammengefasst als soziale Dienstleistung – gelingen zu lassen, bedarf es einer bestimmten Logik. Dafür sind im Prinzip drei Schritte nötig:

1. *Definition des Gelungenen*: Erstens müssen sich die Beteiligten darüber einigen, unter welchen Bedingungen sie ihre Leistung als gelungen betrachten. Da diese immer für den Anderen von Nutzen sein muss, müssen sie dessen Standpunkt einnehmen und definieren, a) welche objektiven Bedingungen gegeben sein müssen, b) worüber zwischen Anbietern und Nutzern Einigkeit bestehen muss und c) was zu den jeweiligen subjektiven Vorlieben der Beteiligten gehört, die sich mindestens nicht widersprechen dürften. In einem diskursiven Beratschlagungsprozess geben sich die Beteiligten also ein handlungsleitendes Selbstverständnis dessen, was sie erreichen wollen.
2. *Bestimmung der Gelingensfaktoren*: Im nächsten Schritt bestimmt die Organisation die (Rahmen)Bedingungen, die einen bedeutenden Einfluss auf das Gelingen ihrer Dienstleistung haben. Beispielsweise sollte sie die subjektiven Bedürfnisse ihrer Kunden und die gesellschaftliche Bedarfslage gut kennen. Sie sollte geklärt haben, mit wem sie wie kooperieren muss und will, um ihr Anliegen voranzubringen. Und sie sollte wissen, an welchen Indikatoren sie erkennen kann, ob ihre Dienstleistung gelungen ist und nicht nur, ob sie äußerlich betrachtet erfolgreich war.
3. *Gestaltung der Gelingensfaktoren*: Schließlich werden unter dem Gesichtspunkt und mit dem Fokus auf die Definition des Gelungenen, die konkreten Arbeits- und Kooperationsbedingungen so gestaltet, dass diese das Gelingen der Dienstleistung bestmöglich fördern und unterstützen.

Erst wenn diese drei Schritte gegangen wurden, sind die Bedingungen vorbereitet, unter denen eine ausweisbare und begründete Qualität, die den Beteiligten wichtig und wertvoll ist, erreicht werden kann. Das Management von Qualität startet mit der Erstellung eines organisationalen Selbstverständnisses in einem *Leitbild*, das auch eine *Definition des Gelungenen* enthält. Erst danach werden die Qualitätsbedingungen anhand allgemeiner Anforderungen in relevanten *Qualitätsbereichen* festgelegt. Der Prozess mündet in die Aufstellung *strategischer Entwicklungsziele* für die Organisation, damit Qualität nicht nur gesichert ist, sondern gemäß der sich wandelnden Umweltanforderungen weiterentwickelt werden kann. Diese Logik dieses Qualitätsmanagementsystems wird in Abb. 6.1 anhand des Modells für die Weiterbildung veranschaulicht. Die anderen Modelle verfahren analog.

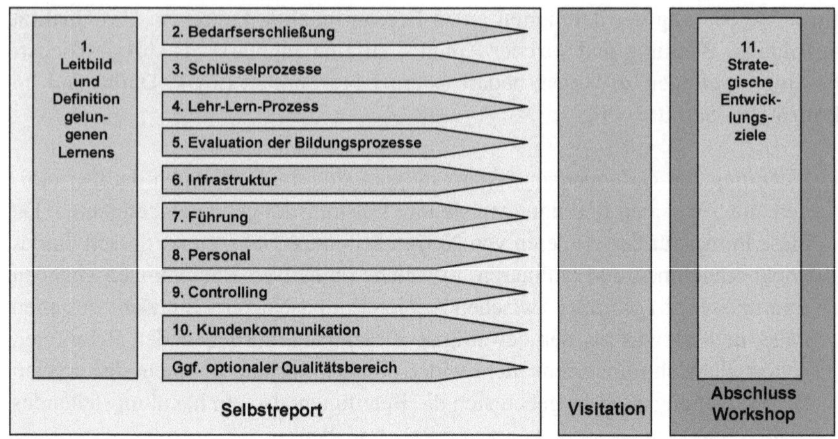

Abb. 6.1 Die Lernerorientierte Qualitätstestierung für die Weiterbildung. (Zech 2014a, S. 14)

Grundsätzlich orientiert sich das Qualitätsmanagement nicht an extern festgelegten Normen, die durch Überwachung herbeigeprüft werden sollen, sondern an der durch die Beteiligten der Organisation selbstbestimmten inhaltlichen Ausfüllung allgemein gehaltener Anforderungen. Standardisierungen oder Formalisierungen der Arbeit können von den Beteiligten selbst festgelegt werden, wenn diese begründet zur Verbesserung der geleisteten Arbeit beitragen. Die Lerner- und Kundenorientierte Qualitätsentwicklung setzt also auf die Reflektiertheit der Beteiligten, deren Engagement reflexiv auf die Gestaltung ihrer Organisation zurückwirkt. Qualitätsentwicklung wird als Organisationsentwicklung verstanden.

6.3 Qualitätstestierung als Beratung und Diskurs

Falls die Anwender dieses Qualitätssystems eine externe Testierung und damit eine Bestätigung ihrer erreichten Qualität wünschen oder ggf. gegenüber Auftraggebern und Finanzierern nachweisen müssen, wird die Qualität der Organisationen durch lizenzierte unabhängige Testierungsstellen überprüft und bescheinigt. Dafür erstellen die Organisationen einen sogenannten *Selbstreport*, in dem sie ihre Qualität anhand der inhaltlich selbst ausgefüllten Anforderungen darstellen, begründen und nachweisen. Das Prüfverfahren selbst ist nicht-normativ, d. h. es prüft im Wesentlichen nicht das Erreichen externer Standards, sondern die

Begründetheit und Stimmigkeit der organisationalen Qualitätserfolge in Bezug auf den Selbstanspruch der jeweiligen Organisation, wie er in ihrem Leitbild mit der entsprechenden Definition des Gelungenen festgelegt wurde.

Statt eines kargen Prüfberichts erhalten die Organisationen ein umfangreiches *Gutachten*, das neben dem Prüfteil einen Beratungsteil enthält, in dem ausgewiesene und in dem Verfahren ausgebildete Experten zahlreiche Anregungen und Hinweise für die weitere Qualitäts- und Organisationsentwicklung liefern und in ihrem Nutzen für die Organisation begründen. Dieses Gutachten wird bei einer *Vor-Ort-Visitation* mit den Beschäftigten der Organisation diskutiert, bei der auch letzte Unklarheiten bezüglich des vorangegangenen Selbstreports geklärt werden. Auf einem *Abschlussworkshop* hilft der Gutachter, der jetzt ausschließlich als Berater tätig ist, bei der Aufstellung von strategischen Entwicklungszielen für die Zukunft der Organisation.

Auf diese Weise versucht die Lerner- und Kundenorientierte Qualitätstestierung, die oben (in Kap. 1) beschriebenen Tücken eines verdeckt herrschaftlichen Qualitätsmanagements ohne substanzielle Qualitätsvorstellungen im Entwicklungsinteresse der Organisationen und ihrer Beschäftigten zu vermeiden und zu guter Arbeit mit ethisch begründeten, guten Ergebnissen beizutragen.

Was Sie aus diesem *essential* mitnehmen können

- dass Qualitätsmanagement als Instrument einer wachstumsfixierten kapitalistischen Wirtschaft nicht der Entwicklung von guter Arbeit in einer gerechten Gesellschaft dient
- dass Qualitätsentwicklung ein anspruchsvolles Konzept ist, das einer ethischen Begründung bedarf
- dass gelungene Qualitätsentwicklung umfangreiche individuelle, interaktionelle, organisationale und gesellschaftliche Voraussetzungen hat
- dass zumindest im Bereich personenbezogener sozialer Dienstleistungen ein Qualitätsmanagement möglich ist, das den Interessen der Beschäftigten und der Adressaten dient

R. Zech, *Qualitätsmanagement und gute Arbeit*, essentials,
https://doi.org/10.1007/978-3-658-23601-4

Literatur

Aristoteles. 1995. *Nikomachische Ethik. Philosophische Schriften in sechs Bänden,* Bd. 3. Hamburg: Felix Meiner.

Arlt, Hans-Jürgen. 2014. Weiß der Hering, dass er im Wasser lebt? Über Arbeit. *Ästhetik & Kommunikation* 162 (163): 124–131.

Bröckling, Ulrich. 2000. Totale Mobilmachung. Menschenführung im Qualitäts- und Selbstmanagement. In *Gouvernementalität der Gegenwart. Studien zur Ökonomisierung des Sozialen,* Hrsg. Ulrich Bröckling, Susanne Krasmann, und Thomas Lemke, 131–167. Frankfurt a. M.: Suhrkamp.

Diels, Hermann. 1922. *Fragmente der Vorsokratiker. Erster Band,* 4. Aufl. Berlin: Weidmannsche Verlagsbuchhandlung.

Diogenes Laertius. 1990. *Leben und Meinungen berühmter Philosophen.* Hamburg: Meiner.

Duden. 2001. *Das Herkunftswörterbuch.* Mannheim: Dudenverlag.

Dworkin, Ronald. 2012. *Gerechtigkeit für Igel.* Berlin: Suhrkamp.

Foerster Heinz von. 1993. *Wissen und Gewissen.* Frankfurt a. M.: Suhrkamp.

Foucault, Michel. 2000. Die »Gouvernementalität«. In *Gouvernementalität der Gegenwart. Studien zur Ökonomisierung des Sozialen,* Hrsg. Ulrich Bröckling, Susanne Krasmann, und Thomas Lemke, 41–67. Frankfurt a. M.: Suhrkamp.

Gronemeyer, Marianne. 2012. *Wer arbeitet, sündigt... Ein Plädoyer für gute Arbeit.* Darmstadt: Primus.

Holzkamp, Klaus. 1983. *Grundlegung der Psychologie.* Frankfurt a. M.: Campus.

Klatetzki, Thomas, Hrsg. 2010. *Soziale personenbezogene Dienstleistungsorganisationen. Soziologische Perspektiven.* Wiesbaden: Springer VS.

Lehnerer, Thomas. 1994. Methode der Kunst. Würzburg: Königshausen und Neumann.

Luhmann, Niklas (1974): Wirtschaft als soziales System. In *Soziologische Aufklärung. Aufsätze zur Theorie sozialer Systeme,* Bd. 1, 4. Aufl., Hrsg. Niklas Luhmann, 204–231. Opladen: Westdeutscher Verlag.

Luhmann, Niklas, und Karl Eberhard Schorr. 1988. *Reflexionsprobleme im Erziehungssystem.* Frankfurt a. M.: Suhrkamp.

Menke, Christoph. 2013. *Die Kraft der Kunst.* Berlin: Suhrkamp.

Ortmann, Günther. 2010. *Organisation und Moral.* Weilerswist: Velbrück.

R. Zech, *Qualitätsmanagement und gute Arbeit,* essentials,
https://doi.org/10.1007/978-3-658-23601-4

Pfitzinger, Elmar. 2009. Projekt DIN EN ISO 9001:2008. Vorgehensmodell zur Implementierung eines Qualitätsmanagementsystems. Deutsches Institut für Normung e. V. Hrsg. 2. vollständig überarb. und akt. Auflage. Berlin: Beuth

Pirsig, Robert M. 1978. *Zen und die Kunst ein Motorrad zu warten. Ein Versuch über Werte*. Frankfurt a. M.: S. Fischer.

Platon. 2004a. Philebos. In *Sämtliche Dialoge,* Bd. 4, Hrsg. Platon. Hamburg: Meiner.

Platon. 2004b. Der Staat. In *Sämtliche Dialoge,* Bd. 5, Hrsg. Platon. Hamburg: Meiner.

Rau, Thomas, Jürgen Heene, Karsten Koitz, Manfred Schmidt, Peter Schönfeld, und Axel Wilske. 2011. Hrsg. *Qualitätsmanagement in der Aus- und Weiterbildung. Leitfaden zur Umsetzung der DIN ISO 29990* [Kommentar. Deutsches Institut für Normung e. V.]. Berlin: Beuth.

Schulze, Gerhard. 2006. *Die Sünde. Das schöne Leben und seine Feinde*. München: Hanser.

Seel, Martin. 1999. *Versuch über die Form des Glücks*. Frankfurt a. M.: Suhrkamp.

Sen, Amartya. 1993. Capability and well-being. In *The quality of life,* Hrsg. Martha Nussbaum und Amartya Sen, 30–53. Oxford: University Press.

Sennett, Richard. 2008.*Handwerk*. Berlin: Berlin-Verlag.

Simon, Fritz B. 2004. *Gemeinsam sind wir blöd!? Die Intelligenz von Unternehmen, Managern und Märkten*. Heidelberg: Carl-Auer.

Skidelsky, Robert, und Edward Skidelsky. 2013 *Wie viel ist genug? Vom Wachstumswahn zu einer Ökonomie des guten Lebens*. München: Antje Kunstmann GmbH

Virno, Paolo. 2010. *Exodus*. Berlin: Turia + Kant.

Weick, Karl E., und Kathleen M. Sutcliffe. 2003. *Das Unerwartete managen. Wie Unternehmen aus Extremsituationen lernen*. Stuttgart: Klett-Cotta.

Zech, Rainer und Claudia Dehn. 2017. *Qualität als Gelingen. Grundlegung einer Qualitätsentwicklung in Bildung, Beratung und Sozialer Dienstleistung*. Göttingen: Vandenhoeck & Ruürecht.

Zech, Rainer, und Katia Tödt. 2012. Gelungenes Lernen - Qualität und Qualitätsmanagement in der Weiterbildung. Technische Universität Kaiserslautern.

Qualitätsmanagementsysteme

DIN EN ISO 9000:2005 Grundlagen und Begriffe. Deutsches Institut für Normung e. V. Hrsg. Berlin.

DIN EN ISO 9001:2008 Qualitätsmanagementsysteme – Anforderungen. Deutsches Institut für Normung e. V. Hrsg. Berlin.

DIN EN ISO 9004:2009 Leiten und Lenken für den nachhaltigen Erfolg einer Organisation – ein Qualitätsmanagementansatz. Deutsches Institut für Normung e. V. Hrsg. Berlin.

DIN EN ISO/IEC 17021:2011 Konformitätsbewertung – Anforderungen an Stellen, die Managementsysteme auditieren und zertifizieren. Deutsches Institut für Normung e. V. Hrsg. Berlin.

DIN ISO 29990:2010 Lerndienstleistungen für die Aus- und Weiterbildung – Grundlegende Anforderungen an Dienstleister. Deutsches Institut für Normung e. V. Hrsg. Berlin.

EFQM, Hrsg. 2009. *EFQM Excellence Modell 2010*. Brüssel: DGQ e. V.

EFQM, Hrsg. 2014. EFQM Recognition Brochure. 2010. Verfügbar über: http://www.efqm.org. Zugegriffen: 6. Aug. 2014.

Zech, Rainer. 2007. *Lernerorientierte Qualitätstestierung für Schulen. Leitfaden für die Praxis.* Hannover: Expressum.

Zech, Rainer. 2009. *Kundenorientierte Qualitätstestierung für Beratungsorganisationen. Leitfaden für die Praxis.* Hannover: Expressum.

Zech, Rainer. 2014a. *Lernerorientierte Qualitätstestierung in der Weiterbildung. Leitfaden für die Praxis,* 4. überarb. Aufl., Hannover: Expressum.

Zech, Rainer. 2014b. *Kundenorientierte Qualitätstestierung für soziale Dienstleistungsorganisationen. Leitfaden für die Praxis.* Hannover: Expressum.

Zech, Rainer. 2017. Lernerorientierte Qualitätstestierung für Kindertagesstätten. Leitfaden für die Praxis. http://www.qualitaets-portal.de/lqk-leitfaden/.

[illegible] (Orig. [illegible] 2014. [illegible]) [illegible] Zugegriffen: 6. Aug. 2018.
Zech, Rainer. 2017. [illegible] Hannover: [illegible].
Zech, Rainer. 2008. [illegible] Hannover: [illegible].
Zech, Rainer. 2014. [illegible]
Zech, Rainer. 2010. [illegible] Hannover: [illegible].
Zech, Rainer. 201[illegible] [illegible]